CONTENTS

프롤로그   10

PART 1_ 뒤돌아보면 보이는 세상

01. 천적이 있어 행복한 당신 _ 고단한 삶이 힘겨운 이들에게   16
02. 삶의 '문단 나누기' _ 앞만 보고 달려가다 지친 이들에게   20
03. 나쁨을 선택한 이유 _ '나쁜 남자'에게 끌리는 이들에게   24
04. 빼기의 지혜 _ 풍요로움이 미덕이라고 여기는 이들에게   28
05. 감동 vs.경계 _ 감동이 결핍된 이들에게   31
06. 낡은 냄비가 좋다 _ 상처받지 않는 삶을 원하는 이들에게   34
07. 충고 _ 타인에게 충고하려는 이들에게   37
08. 선택과 집중 _ 강하면 이길 수 있다고 생각하는 이들에게   40
09. 상처 다스리기 _ 자존심이 무엇보다 중요한 이들에게   44
10. 북극성 같은 미래 _ 20년 후보다 두 달 후가 더 중요하다는 이들에게   48
11. 인간의 본성 깨닫기 _ 공상 소설처럼 변해 가는 모습을 보면서   52

12. 사고의 편식 _ 내 생각과 같은 것만 받아들이려는 이들에게　56
13. 게으름에 관한 묵상 _ 아무것도 하지 않으면 불안한 당신에게　60
14. 사랑과 진실 _ 언제나 통쾌한 권선징악의 결말을 기다리는 이들에게　63
15. 욕심 빼기 _ 잘하려는 욕심으로 자꾸 긴장하는 이들에게　66

PART 2_ 고개를 들면 보이는 세상

16. 숫자 12의 비밀 _ 꽉 채운 행운의 숫자를 만들고 싶어 하는 이들에게　72
17. 별일쯤이야! _ 별일 없이 산다고 말하는 이들에게　76
18. 늪 _ 삶의 늪에 빠져 발버둥 치는 이들에게　80
19. 실패의 가치 _ 수많은 실패로 포기하려는 이들에게　84
20. 갈등 해결의 열쇠 _ 갈등을 겪고 있는 이들에게　88
21. 마음의 불순물 제거 _ 아파서 회복이 필요한 이들에게　91
22. 19회의 토스 _ 나만 아직 통과하지 못했다고 좌절하는 이들에게　94
23. 부등호 _ 인생의 우선순위 앞에 갈등하는 이들에게　98

24. 귀한 보물을 얻는 방법 _ 생각지도, 원치도 않는 길을 걷게 된 이들에게   102

25. 마음 문 열기 _ 마음 문을 열었다가 기쁨보다 상처를 받았던 이들에게   106

26. 혼합색의 매력 _ 잘못 섞인 색 때문에 새로 그리고자 하는 이들에게   110

27. 사용함의 진가 _ 가진 것이 적어 속상해하는 이들에게   114

28. 세상에 공짜는 없다 _ 자기 의지와 관계없는 일들로 억울해하는 이들에게   118

29. 지금 여기서 _ 큰 꿈을 품지 않은 자신이 초라하게 느껴지는 이들에게   122

30. 신뢰 _ 누군가에게 완벽하게 나를 맡기고픈 이들에게   125

PART 3_ 천천히 걷다 보면 보이는 세상

31. 진짜 힘 _ 강한 자가 살아남는다고 믿는 이들에게   130

32. 황금비율보다 아름다운 _ 기능보다 외관에 충실하는 이들에게   134

33. 공주와 완두콩 _ 비굴이 아닌 겸손을, 교만이 아닌 자신감을 배우고픈 이들에게   137

34. 변화를 원하는 진짜 이유 _ 변화를 원하는 이들에게   140

35. 부끄러움 _ 나만 모르는 내 모습이 걱정되는 이들에게   144

36. No. 2 _ 일등이 부러운 만년 이등인 당신에게 148

37. 반전 _ 출발선상에 서있는 이들에게 151

38. 무관심일까? 소심일까? _ 무심함이 배려라고 생각하는 이들에게 154

39. 정성으로 빚은 명작 _ 명품 인생을 꿈꾸는 이들에게 158

40. 인정하기 _ '영원불변'을 믿지 않는 이들에게 162

41. 기다림 _ 일이 계획대로 되지 않아 힘들어하는 당신에게 166

42. 경고음 _ 자신의 절제력을 믿고 있는 이들에게 170

43. 정도正道 _ 목적지에 빨리 도착하려고만 하는 이들에게 174

44. 자유함의 대리만족 _ 남에게 어떻게 보일지를 먼저 생각하는 이들에게 178

45. 봄, '따뜻함' 그 이상 _ 별 감흥 없이 새봄을 맞이하는 이들에게 182

46. 힘 빼기 _ 힘을 주는 것보다 빼는 것이 더 어려운 이들에게 186

47. 쿠크다스 _ 상대방을 빨리 변화시키려는 조급함을 가진 이들에게 189

48. 절박함이 준 선물 '평안' _ 사면초가에 빠져 평안의 동아줄을 기다리는 이들에게 192

PART 4_ 거꾸로 보면 보이는 세상

49. 방심 _ 목표에 도달하는 순간 방심하고 마는 이들에게   198
50. '기본'이 먼저 _ 반칙의 피곤함에 지친 이들에게   202
51. 부족할 때 진정으로 '통通'한다 _ 다이어트를 생각해 본 이들에게   205
52. 지나침과 적절함의 사이 _ '너무'라는 말을 너무 많이 사용하는 이들에게   208
53. 소신과 고집 사이 _ 자신의 판단이 옳았음을 증명하려는 이들에게   212
54. 선善함 _ '예쁜 얼굴'이 '착한 얼굴'이라고 말하는 이들에게   216
55. 흉내 내기 _ '진짜'를 구별해 내고 싶은 이들에게   220
56. 가제트와 브레인 _ '나'를 드러내고 싶어 하는 이들에게   224
57. 욕심 _ 〈아마존의 눈물〉을 보고 부끄러웠던 이들에게   228
58. 행복 _ '행복'이라는 단어에 무조건 반응하는 당신에게   232
59. 만원버스 _ 초심을 지키고자 결심하는 이들에게   236
60. 소소한 기쁨 찾기 _ "짜증 난다"는 말을 입에 달고 사는 이들에게   240

61. **솔직함이 주는 자유** _ 내가 모른다는 것을 인정하기 싫어하는 이들에게   244

62. **반칙** _ 자신의 진정한 모습을 감출 수 있다고 믿는 이들에게   248

63. **'약함'이 바로 진정한 '강함'** _ 자신의 약함을 감추려고만 하는 이들에게   252

64. **과학상상화** _ 상상을 초월하는 과학의 발달에 감탄하는 이들에게   256

65. **귀 기울이기** _ 기계만 믿고, 반려동물만 의지하려는 이들에게   259

66. **간절함** _ 남에게 보일 만큼만 '온 힘'을 다하는 이들에게   262

67. **사, 언, 행 일치** _ 생각과 말과 행동이 일치하는 삶이 어렵다는 이들에게   265

68. **거친 말, 좋은 글** _ 거친 말을 일상적으로 사용하는 이들에게   268

69. **자연스러움** _ 빈티지에 열광하는 이들에게   272

70. **매력** _ 매력적인 사람이 되고 싶어 하는 이들에게   276

프롤로그

　까마득히 오래전 초등학교 미술 시간, 여러 재료를 가지고 도화지에 꾸미는 작업을 한 적이 있었다. 크레파스를 가진 아이조차 흔치 않던 시절이었으니 특별한 재료랄 것도 없이 색종이, 털실, 자투리 천 정도를 가지고 정신없이 재미있게 작업했던 기억이 아직도 생생하다. 마치 모차르트 명곡이 탄생되는 순간 같았던 그때 그 창작의 흥분은 장래 희망 같은 건 생각도 해본 적 없는 어린 나에게 막연하게 그림을 그려야겠다는 생각을 품게 한 계기가 되었다.
　하지만 아쉽게도 그 짜릿한 영감은 더 이상 없었고 무언가 의미가 포함되어 있는 것을 시각적으로 표현한다는 것은 늘 부담스러운 일이었다.

　십수 년 전 나를 잘 알지도 못하던 분이 그림과 함께 글도 써보라

는 요청을 해왔다. 그림만 그리는 것보다 더 부담스러울 수밖에 없는 요청을 설레는 마음으로 기꺼이 수락했다. 두 개의 부담이 합쳐져 두 배의 부담이 아니라 오히려 반감될 것 같은 이상한 계산으로 말이다.

  이상한 계산이 놀랍게도 맞아떨어질 때가 있는지 이 부담스러운 작업은 내 속에 있는 또 다른 부담의 무게를 덜어 주는 역할을 했다. 아주 오래된 아름다운 기억은 되새김질하며 음미하고, 상한 기억들은 끄집어내어 치료했다. 부끄러운 기억은 드러내니 씻긴 듯하고, 지금의 나를 만든 것은 과거의 그 사소한 조각들임을 깨닫게 되면서 작은 일에도 온 힘을 다해야겠다는 엄숙한 각오를 하기도 했다.

  며칠 전 버스 안에서 낯선 사람으로 인해 마음 상했던 일도 멋지게 풀어 주고, 주위 가까운 사람들 때문에 생기는 갈등을 객관적으

　로 바라볼 수 있는 시야를 갖게 해주기도 했다. 부끄러운 줄 몰랐던 행위가 부끄러웠던 것임을 알게 하였고, 지금 내 앞에 있는 사람과 내 앞에 놓인 상황의 소중함도 깨닫게 해주었다.

　그래서 그림이란 것도, 글이란 것도 잘 그리고 잘 써내려가는 것은 기술이 아닌 진실성이란 것을 깨닫는 시간이었다. 아무리 멋지게 꾸미려 해도 내 것이 아니면 마무리가 되지 않고, 남들이 괜찮다고 해도 내 것이 아니면 다시 쳐다보고 싶지 않은 그림이 될 수밖에 없음을 알고부터는 부족함의 답답함과 안타까움을 느낀다는 것은 겸손이 아닌 교만임을 깨닫게 되었다.

　부담되고 힘든 작업들이었지만 그것보다 훨씬 더 큰 깨달음을 준

작업들이 쉽지 않은 과정을 거쳐 『그림으로 보는 세상』이라는 책으로 나오게 되었다. 마지막 손질을 하며 동화 『백조 왕자』를 떠올리곤 했다. 사람들의 야유와 손가락질에도 불구하고 말 한마디 못 하고 쐐기풀을 뜯어 열한 명의 오빠들의 옷을 짜야 했던 공주가 떠오른 이유는 힘들다는 엄살도, 드디어 곧 마친다는 자랑도, 바쁘다는 핑계도 대지 못하며 혼자 감당해야 하는 시간 때문이었다. 백조가 된 오빠들의 마법을 풀어 준 것은 거친 쐐기풀로 짠 옷이 아니라 공주의 묵언과 정성이었듯이, 마음 훈련의 과정이었던 이 긴 시간이 비로소 책으로 완성되어 쓸모 있는 것들로 환원되기를 기대해 본다.

PART 1_

뒤돌아보면 보이는 세상

01_ 고단한 삶이 힘겨운 이들에게

천적이 있어
행복한 당신

먼 바다로 나가 참치를 잡는다는 것은 포획 그 자체보다도 장거리를 돌아오는 동안 싱싱함을 어떻게 유지하느냐가 더 어려운 문제일 수 있다.

잡자마자 급속 냉동시키는 방법도 싱싱함을 유지할 수 있겠지만, 식탁에 오르기 전까지 잘 살아 있게 할 수만 있다면 그것이 아마 가장 좋은 보존일 것이다. 게다가 싱싱한 상태라면 더욱.

그래서 참치잡이 원양어선은 살아 있는 참치를 보관하는 어창 魚艙

에 천적 물고기 한 마리도 함께 넣는다고 한다. 이미 포획된 참치는 더 이상의 저항이 필요 없는 그 좁은 공간에서조차 끊임없이 천적을 피해 도망 다녀야만 하는 것이다.

    때론 삶도 이와 같이 야속한 경우가 많다.

    더는 저항할 기운도 없을 만큼 힘이 빠지고 피할 곳도 없는 막막한 상황에서조차 해결의 실마리는커녕 또 다른 적과 부딪쳐야 할 때가 있다.

PART 1_
뒤돌아보면
보이는 세상

　이미 놓인 상황만으로도 벅차서 그곳에서 **빠져나오는** 것조차 힘에 부치는데도 새롭게 등장한 막강한 놈과 또 맞닥뜨려야만 하는 것이다.
　이런 경우엔 원망이나 걱정할 틈도 없이 그저 피해 다니거나 아니면 무조건 싸워야 한다. 힘들다고 불평하거나 앞날에 대해 고민하는 시간조차 사치스러운 것이기에.
　지쳐 쓰러져 결국 천적의 먹이가 되어 버린 참치도 더러 있겠지만 그래도 필사적으로 도망친 덕분에 원래의 상태보다 더 팔팔해지는 참치도 생기기 마련이다.
　이처럼 절박한 상황이란 열심히 달린 이들에게는 더할 나위

없는 유익한 훈련이 될 수도 있다.

　국민 드라마였던 〈선덕여왕〉에서 평생 자신을 괴롭히던 미실의 죽음을 보고 선덕은 이런 말을 했다.

　"당신이 없었다면 나는 아무것도 아닐지 모른다."

　태어나는 순간부터 쫓아다닌 이 막강 천적 때문에 강해질 수 있었고 왕의 자리까지 오를 수 있었노라는 고백이었다. 그도 천적이 사라진 후에야 비로소 이 사실을 깨닫게 된 것이었는지도 모르지만.

　막막하고 답답한 상황, 게다가 쫓아오는 적…… 이 모든 것이 나를 위한 천적임을 미리 깨달을 수 있다면 우리는 제법 유쾌하게 이들과 맞닥뜨릴 수 있을 것 같다.

PART 1_
뒤돌아보면
보이는 세상

02_ 앞만 보고 달려가다 지친 이들에게

삶의
'문단 나누기'

요즘 학생들 시험 문제는 어떤지 잘 모르겠지만 오래전 국어 시험에는 예문을 주고 그것을 내용에 따라 문단을 나누는 '문단 나누기' 문제가 늘 하나씩 있었다.

예문 전체 줄거리를 잘 이해해야 풀 수 있는 이런 '문단 나누기'는 늘 어려웠던 기억이 있다. 그래도 매번 척척 맞추는 친구들이 있었던 것을 보면 내게는 전체의 큰 흐름과 주제를 이해하는 능력이 많이 부족했었나 보다.

　어린아이들이나 발달장애인들의 그림을 보면 재미있는 것을 발견하게 된다. 사람을 그린 그림인 경우 갖출 것은 다 갖추었는데 비례가 매우 이상하다. 그들에게 있어 중요한 것은 크고 작고, 길고 짧고의 문제가 아니라 눈은 둘, 코는 하나, 손가락은 다섯, 팔다리는 둘씩이라는 것이기 때문이다. 그래서 손가락 하나가 팔뚝만 한데 다섯 개나 그려 넣어야 하다 보니 손이 천사 날개만 해지기도 하고, 손가락이 팔목 위에까지 올라가 공룡뼐처럼 달려 있기도 하다.

　이런 그림을 볼 때면 학창 시절 문단 나누기에 약했던 내 모습이 떠오른다. 전체 모습은 무시한 채 일부분 표현에 매달리는 그들의 모습과 큰 흐름을 파악하지 못한 채 어디에서 단락을 매듭지어야 할지 몰랐던 내 모습이 비슷해 보인다.

　비단 그들뿐 아니라 종종 작은 것에 몰두하느라 큰 것을 보지 못하는 이들이 많다. 삶에서도 추구했던 목표나 꿈, 가고자 하는 방향과 우선순위가 있었을 텐데 현실의 벽이라는 눈앞에 뚜렷이 보이는 장애물은 멀리 있는 목표를 볼 수 없게 만들기도 한다.

지금 열심히 가고 있는 방향이 맞는지, 덜 중요한 것에 몰두하느라 더 중요한 것을 소홀히 하고 있는 것은 아닌지, 혹은 처음 꿈꿨던 목표를 되짚어 보는 것조차 힘들어 애써 외면하며 살고 있는 것은 아닌지 가끔은 점검해 줘야 하는데, 그 점검하는 시간조차 낭비라는 느낌이 들기도 한다.

봄이 왔을 때 남산이 봄의 색깔로 바뀌었음을 알아챌 만큼 마음에 여유가 없는 삶일지라도, 잠시라도 멀리 떨어져 자신의 모습을 한번 바라보는 시간을 가져 보면 어떨까?
 그래서 우리의 '삶의 과정'이 어느 곳에서 나뉘어졌음을 발견할 수 있다면 이전의 아픔이 지금의 성장 자원이 되었음을 볼 수 있을 것이고, 지금의 고난은 다음 단계의 에너지원이라는 것도 알 수 있을 것이다.
 그러면 오늘의 어려움도 충분히 의미가 있음을 알기에 온 힘을 다해 오늘을 살 수 있을 것 같다.

03_ '나쁜 남자'에게 끌리는 이들에게

나쁨을 선택한 이유

 몇 년 전부터 '착한 몸매', '착한 얼굴'이라는 말이 쓰이기 시작하면서 그와 함께 '나쁜 남자'라는 말도 널리 쓰이고 있다.
 앞의 '착한'이 원뜻과는 다르게 '예쁜, 멋진'이라는 왜곡된 의미로 쓰이는 것에 반해 '나쁜 남자'라는 말은 단어 그대로 착하지도 친절하지도 않고 배려도 없는, 예의 없는 남자를 말한다.
 가까이 하기 싫은 유형의 사람인데도 어찌 된 일인지 요즘은 이런 사람이 매력 있단다.

인기리에 방영했던 한 가수 오디션 프로그램에서 깔끔하게 잘생기고 노래도 잘하는 참가자에게 심사위원이 해주는 말이 재미있었다. '착한 교회 오빠 이미지'라며 좀 망가지란다. 그러자 그 교회 오빠 이미지의 참가자는 "방탕하도록 노력하겠다"고 대답했다. 이전 같으면 플러스 요인이 될 조건이 마이너스가 된 것이다.

도덕 교과서를 들이대며 "이 무슨 말도 안 되는 소리냐"며 따지자는 것이 아니다. 여기서 '망가지다'라는 뜻은 삶의 고뇌를 겪은 경험에서 우러나오는 애절함이 참가자의 노래에 좀 더 담기길 바라는 뜻일 거라고 생각된다. 허점은 보이지 않지만 그렇다고 특별한 매력도 없는 참가자에게 들려줄 만한 재미있는 충고라고 생각되었다. 아마도 '매력'이라는 것이 일반적으로 '반듯함'에서 찾기는 어렵고 '삐딱함'에서 발견하기가 쉽기 때문일 것이다.

그렇다면 왜 우리는 착하고 반듯한 것보다 삐딱하고 나쁜 것을 원하게 된 것일까?

많은 사람이 착해 보이는 사람을 오래 겪어 보니 그것이 실은 착함이 아닌 소심함이었다든지, 혹은 작은 어려움 앞에서도 두려워하는 나약함이었다든지 하는 '착함에 속은 경험'이 많았기 때문은 아니었을지. 그것이 아니라면 남을 배려하며 착하게 살았더니 그저 밟히기만 해서 그로 인해 받은 '아픈 상처' 때문에 자기 방어 수단으로 스스로 '나쁨'을 선택했거나.

요즘 이 사회가 나쁜 남자에게 더 끌리는 이유는 자기만의 강한 개성과 자신을 보호할 필요성, 그리고 무엇보다 위선이 아닌 '솔직함'을 원하고 있기 때문이라는 생각이 든다.

그래서 우리는 솔직해서 거칠어 보이는 '나쁜 남자'에 열광하면서 자기 자신이나 남에게 솔직하지 못하고 '착한 척하는 사람'과 '진짜 착한 사람'을 가려내고 있는 중인지도 모르겠다.

04_ 풍요로움이 미덕이라고 여기는 이들에게

빼기의 지혜

가을은 청첩장이 오는 계절이다.

청첩장을 받아 보면 디자인도 다양하고 하나같이 예쁘다. 종이 품질도 좋고 아이디어와 제작 기술력에 감탄해 결혼식 주인공과의 관계에 상관없이 차곡차곡 모아 두게 된다. 심지어 보험 회사에서 매년 보내 준 똑같은 모양의 생일카드까지 좋은 품질과 세련된 디자인 때문에 버리지 못하고 차곡차곡 모아 두곤 한다.

아파트 문에는 늘 광고 전단지가 붙어 있다.

광고 전단지는 대부분 보지도 않고 분리 수거함으로 바로 들어가지만, 전단지를 붙이고 떼는 이 반복은 늘 계속된다.

그뿐인가. 명절이 지나고 나면 아파트 단지에는 포장재가 산처럼 쌓이는데, 어떤 것은 버리기가 아까워 집에서 재활용하기도 한다. 하지만 그렇다고 덤을 본 느낌은 아니고 무언가 손해를 본 기분이라 그 찜찜함은 어쩔 수 없다.

　생활 속에서 쉽게 접할 수 있는 이런 '지나침'은 이전보다 훨씬 더 풍요로워졌기 때문만은 결코 아닐 것이다. 그것보다는 현대의 치열한 경쟁구도가 더 큰 요인이 되었을 것이고, 어쩔 수 없이 그 지나친 듯한 풍성함 속에서 쓸 만한 알맹이를 찾는 지혜까지 짜내야 하는 풍요로움의 허상일지 모른다.

　'풍요로워진다는 것'은 어쩌면 영원한 '우리 모두의 목표'이기도 하다. 하지만 쓸데없는 것을 빼지 못한 채 마냥 더해지기만 하거나 쓸데없는 것을 많이 채움으로써 진짜 쓸데 있는 것의 부족함을 메우려 한다면 명절 뒤에 쌓인 포장재처럼 그 뒤처리에도 큰 비용과 수고가 들 것이다.

　더하기보다 훨씬 더 이익이 되는 빼기의 지혜를 짜내야 하는 요즘이다.

05_ 감동이 결핍된 이들에게

감동 vs. 경계

주요섭의 단편소설 『사랑방 손님과 어머니』는 영화로 만들어진 후 매력적인 꼬마 아가씨 '옥희'의 캐릭터 덕분에 아직도 사랑받고 있다.

1961년 흑백 영화로 만들어졌지만 지금 봐도 재미있는 장면이 많고, 안타까운 결말이 아직도 진한 여운으로 남아 가슴이 싸해지기도 한다.

영화의 전체 줄거리와 큰 상관은 없지만 지금까지 가장 인상 깊게 남는 한 장면은 시어머니, 며느리, 옥희까지 모두 하얀 한복과 깨끗한 원피스로 갈아입고 예배당에 가는 모습이었다.

이 장면을 본 후 어린 나이에도 불구하고 무언가 갑자기 경건해지고 싶고, 거룩해지고 싶고, 깨끗해지고 싶은 마음에 '나도 저 대열에 끼였으면' 하는 마음이 들 정도였다.

그 시절 TV에서 본 미국 드라마에서는 주일이면 가족 모두 깨끗한 옷으로 갈아입고 마차를 타고 교회에 가는 장면이 나오곤 했다. 그 모습을 보면서 평일에 부지런히 농사짓고 말 타면서 들판을 누비

며 쌓였던 흙먼지가 깨끗하게 씻겨 나가는 느낌과 함께 마음도 정결해질 것 같은 느낌이 들었다. 그래서 나도 착하고 정직하게 살겠다는 결심도 했었다. 그때 들었던 오르간 반주의 찬송가는 삐걱거리는 마룻바닥 소리와 의자 끄는 소리와 어우러져 내겐 가장 거룩한 찬송가로 기억되고 있다.

오래전 기억은 아프고 슬플지라도 그저 다 아름답게 기억되기에, 몇십 년 전 그 장면 속 사람들과 교회가 진짜 경건했고 거룩했는지는 잘 모르겠다. 아니, 정확한 사실은 중요하지 않다. 중요한 건 그것을 보고 감동했고, 내 모습이 부끄러웠고, 그 후 그 모습을 사모하며 닮아 가려고 노력했다는 사실이다.

지금도 그런 모습을 볼 수 있을까? 아니면 그런 모습을 본다 한들 내게 감동이 있을까?

'경건'이라든가 '거룩'이라든가 '깨끗함'과 같은 단어는 오히려 '경건한 척', '거룩한 척', '깨끗한 척'하는 위선적인 단어로 해석하고, '저 모습은 가짜야! 속으면 안 돼!' 하며 자신에게 주의를 주고 있는 내 모습을 발견한다. 살면서 도대체 무엇에 그리도 많이 속았는지 감동의 자세보다 경계의 자세가 훨씬 잘 준비되어 있는 것 같다.

경건의 모습은 무성해도 경건은 보이지 않는 요즘, 어린 시절 눈에 보이는 모습 그대로에 감동하며 감격했던 기억이 그립다.

낡은 냄비가 좋다

오래전 선물로 받은 예쁜 접시가 있었다. 나중에 사용하려고 잘 보관해 두었는데, 이사를 가게 되어 그곳에서 산뜻하게 쓸 생각으로 이삿짐을 싸면서 꺼내 닦았다. 닦은 기념으로 한 번만 사용하려고 했다가 그만 이가 빠져 버리고 말았다. 결국 아끼던 그 접시는 단 한 번도 사용해 보지 못하고 그대로 버려야만 했다.

이삿짐 속에는 이제 사용한 지 30년이 다 되어 가는 냄비도 있다. 지금도 몇천 원이면 어디서든 살 수 있는 싸고 흔한 냄비다. 이제는 너무 낡아서 아무리 닦아도 깨끗해지지 않는 정말 볼품없는 냄비지만 전혀 망설임 없이 이삿짐에 포함되었다.

이 냄비는 크기와 용도가 매우 적당해 하루도 쉬는 날이 없이 사용된다. 좀 더 예쁘고 좋은 새것으로 교체할 수도 있지만 오랫동안 성

능이 검증된 이 물건이 쓰기 부담 없고 고맙기도 하다.

　우리는 살면서 늘 새로운 사람을 만나거나 새로운 일에 부딪쳐야만 한다. 새로운 만남과 새로운 일에 도전하는 것은 기쁠 때도 있지만 부딪쳐 깨지고 마음 상하는 일도 많다. 더러는 이런 것을 쉽게 감당하는 이들도 있지만 할 수만 있다면 피하고 싶은 이들도 많을 것이다.
　특히 요즘은 워낙 경쟁이 심한 사회라 스스로 은둔형 외톨이가 된 사람들도 많다고 하는데, 나 역시 마음 상하는 것을 두려워하는 편이기에 충분히 공감이 간다. 부딪쳐 깨지지 않을 만남만 원하고, 내 능력만큼의 일만 해서 칭찬받고 싶은 그 심정이.
　어린 시절 많은 여자아이의 꿈이 '핑크 드레스를 입고 궁전에 사는 예쁜 공주'였듯이 나 역시 험한 일은 나와 상관없고 장식장 안의 예쁜 접시 같은 삶만을 막연히 꿈꾸기도 했다.
　하지만 30년이나 사용했으면서 이삿짐을 쌀 때 망설임 없이 가장 먼저 챙기는 냄비를 보자니 많이 쓰이는 것이 훨씬 더 가치 있고 귀한 것임을, 내 모습이 낡은 냄비를 닮아 가면서 깨닫게 되는 것 같다.

07_ 타인에게 충고하려는 이들에게

충고

30년도 더 되는 오랜 세월 동안 내내 좋아해 온 가수가 있다. 꾸준하게 좋아할 만큼 활발히 활동 중이고 크게 히트한 곡도 많아 그의 노래는 후배 가수들에 의해 가장 많이 리메이크된 것으로도 유명하다.

말도 재미있게 잘해서 10년 넘게 청소년 대상 라디오 심야 프로그램을 진행하며 '밤의 문화부 장관'이라 불리기도 했다. 그 프로그램을 영원히 진행할 것만 같았던 그가 인기 높았던 그 프로그램을 그만두게 된 이유를 들을 기회가 있었다.

처음에는 청소년들이 보내온 사연을 읽으며 그들의 이야기를 귀기울여 들어 주었는데 점점 그들에게 충고하고 있는 자신의 모습을 보고 그만두게 되었다는 것이었다.

아파하는 사람과 함께 아파하고, 억울한 사연은 공감해 주고, 힘

들 때 같은 편이 되어 주면 충분한 위로가 되는데, 사람들은 자꾸 충고하고 싶어 한다. 잘잘못을 따지고 이렇게 해라, 저렇게 해라 길을 제시해 주려 한다.

옳고 그름은 그들도 이미 알고 있고 어떻게 해야 할지까지도 이미 알고 있는지도 모른다. 다만 이 상황이 견디기 힘드니 이런 나의 마음을 알아달라는 뜻으로 하소연했을 것이다.

그런데 나를 비롯한 많은 사람이 충고를 해준다는 이유로 이미 아픈 사람들을 더욱 아프게 하기도 하고 '사랑'이라는 초콜릿을 씌워 잔소리를 하기도 한다.

그리고 보면 충고란 '내가 너보다 더 많이 안다'라는 우월감이 내포되어 있을 수도 있고, 상대방에 대한 배려보다는 오히려 자신을 드러내려는 교만함이 숨어 있을 수도 있다는 생각이 든다.

그런데 나이가 많아지니 자신이 하는 충고_{혹은 잔소리}가 위로인 줄 알고 자꾸 말이 많아진다. 많이 들어주는 '따뜻한 사람'이 아닌, 좋은 말만 하는 '멋진 사람'이 되려 하는 것이다.

조금만 인정받아도 그저 드러내고 싶어 하는 자신을, 높이 올라섰을 때에도 과연 스스로 조절할 수 있을까?

PART 1_
뒤돌아보면
보이는 세상

08_ 강하면 이길 수 있다고 생각하는 이들에게

선택과 집중

공룡 시대의 모습을 지금까지 그대로 지니고 있다는 무시무시하게 생긴 파충류…… 큰 입을 딱 벌리면 마치 하마라도 삼킬 듯하고 강철도 잘근잘근 씹어 버릴 것 같은 이빨.

어린 시절 마음 졸여 가며 본 TV 드라마 〈타잔〉의 영향 때문인지 아직도 사자나 호랑이, 코끼리 떼 같은 동물들보다 가장 강력한 동물로 내 머리에 새겨진, 새끼조차 결코 귀엽지 않은 동물.

얼마 전 TV 프로그램 〈동물의 왕국〉에서 바로 그 '악어'를 봤다.

　실제로 악어는 톰슨가젤이나 얼룩말은 물론이거니와 물소처럼 자신보다 몸짓이 큰 동물까지 잡아먹는다고 한다. 그뿐만 아니라 그 이빨에 한번 물리면 빠져나올 수가 없기에 몸부림치는 것보다 차라리 숨이 빨리 끊어지는 게 낫다는 가슴 서늘한 해설이 흘러나왔다.
　하지만 이렇듯 천하에 적수가 없을 것 같은 악어도 늘 사냥에 성공하는 것은 아니었다. 많은 수의 동물이 물가에 일렬로 서서 무방비로 물을 마셔도 단 한 마리만 공격 대상으로 삼고 그 대상에만 집중하지 않는다면 제아무리 무시무시한 이빨을 가진 악어라 해도 실패하기 일쑤란다.
　수면 아래에서 살금살금 접근한 뒤 갑자기 튀어 올라 입을 쩍 벌리면 누가 걸려도 걸려들겠지 했다간 다 놀라서 도망가고, 오히려 자신만 노출시키는 꼴이 되고 만다는 것이다.

하기야 정글의 왕 사자나 호랑이도, 자동차와 비슷한 속도로 달릴 수 있는 치타나 표범도, 정글에서 가장 약자인 토끼나 톰슨가젤 사냥에 매번 성공하는 것은 아니었다.

한 마리를 목표로 삼아 매복하고 있다가 순간적으로 덮쳐야 성공하는 것이지, 집중력 없이 덤볐다가는 순발력 좋은 토끼에게 이리저리 끌려 다니다 입맛만 다시며 돌아서야 하는 부끄러운 일이 벌어지기도 한단다.

정글의 먹이사슬 중 가장 정점에 있다는 악어조차 그들의 강력한 무기와 함께 정확한 목표 설정, 게다가 그것을 향한 무서운 집중력까지 갖추어야만 생존할 수 있음을 보면서 결코 예쁘게 봐 줄 수 없는 그들의 외모이지만 그들의 집중력을 겸허하게 배워야겠다는 생각이 든다.

09_ 자존심이 무엇보다 중요한 이들에게

상처
다스리기

오래전 비 오는 날, 혼잡한 버스정류장 앞에서 대여섯 명의 친구들이 웃고 떠들며 버스를 기다리고 있었다. 그때 정류장 앞에 있는 가게의 점원이 불쑥 나오더니 우리에게 남의 가게 앞을 이렇게 가로막고 떠들면 안 된다고 쏘아붙이는 것이었다. 나를 비롯해 다른 친구들 모두 적잖이 당황하고 부끄럽기도 했지만 무엇보다도 화가 났다. 가게 앞이긴 했지만 공공도로에 서있었을 뿐인데 야단을 맞다니!

그런데 그때 우리 무리 중 한 친구가 "죄송합니다" 하고 웃으며 사과하고는 가게 앞에 있던 우리를 옆으로 옆으로 밀어내는 것이 아닌가.

그쯤 되면 대여섯이라는 다수 인원을 무기로 가게 점원에게 한마디 해도 될 법한데……. 물론 소심해서 대놓고 항의는 하지 못해도 점원이 들어간 다음에 한마디씩 뒷담화를 하는 더 비겁한 방법을 택할 수도 있는데 말이다. 아마도 나라면 그렇게 해서라도 '우리가 옳

다'는 것을 인정해 상한 마음을 풀려 했을 것이다.

　사소했지만 나에게는 상당히 신선했던 그 친구의 태도를 보면서 '나도 앞으로 이것저것 따지지 말고, 잘못을 받아들이며 사과하는 멋진 사람이 되겠어!'라는 결심까지 했던 기억이 있다.

　사실 사람들이 그리 중요하지도 않은 일에 너무 심하게 신경 쓰는 것은 진실을 밝혀내자는 정의감보다는 내 구겨진 자존심을 회복하고 상한 마음을 보상받으려 함이 더 큰지도 모르겠다.

　물론 모든 사람이 다 그렇지는 않겠지만 대부분의 사람이 사건의 옳고 그름을 떠나 자존심에 상처 입는 것을 몹시 힘들어한다. 그래서 상처를 분노로 표출하는 미숙함을 종종 범하곤 한다.

　일주일 전 사소하지만 마음이 조금 상하는 말을 들은 적이 있었다.
　"난 괜찮아!" 하며 웃어넘겼지만 일주일이 지난 지금까지 마음 한

구석에 불편함이 남아 있는 것을 보면 결코 괜찮지 않다는 것일 게다. 예전 버스정류장 앞에서의 그 강렬했던 기억과 각오는 모두 사라지고, 더욱 넓고 깊은 인격으로 변해야 할 나이에 작은 상처도 제대로 다스리지 못하고 있다니.

오가는 길에 종종 구경하는 애완동물 가게에 얼마 전 말로만 듣던 고슴도치들이 들어왔다. 화가 나지 않는 이상 가시를 세우지 않아 손을 대도 아프지 않다지만 신기하게도 그들은 서로 다닥다닥 포갠 채 잠도 잘 잔다.

그들이 날카로운 가시에도 불구하고 서로 붙어 있는 것에 불편해하지 않는 것은 가시 세우며 떨어져 지내는 것보다 함께 있는 것이 훨씬 더 유익이라는 것을 잘 알고 있기 때문이 아닐까?

작은 가시 같은 말에도 아파하고 그 상처가 이토록 오래가는 우리의 모습보다 훨씬 나아 보인다.

10_ 20년 후보다 두 달 후가 더 중요하다는 이들에게

북극성 같은 미래

대학 입시가 코앞으로 다가왔던 고등학교 3학년 가을 즈음, 당시 방송국에서 진행하던 고등학교 탐방 청소년 프로그램에 참가한 적이 있다.

하나의 주제를 정해 그에 대해 이야기를 나누는 프로그램이었는데, 주제에 따라 프로그램의 재미가 크게 좌우되곤 했다.

우리 학교 참가자들은 '20년 후After 20 years'로 주제를 정했는데 당시 영어 교과서에 실렸던 오 헨리O. Henry의 단편소설의 제목에서 착안한 것이기도 했지만, '미래'라는 주제가 청소년들로부터 가장 다양하고 의미 있는 이야기를 이끌어 낼 수 있을 듯해서였다.

하지만 막상 그 주제를 마주하고 내가 했던 고민은 '20년 후 내 모습, 20년 후 세상의 모습'이 아닌 '두 달 후 방송에서 내가 얼마나 재미있게 말할 수 있을 것인가' 하는 것이었다.

당시에 '20년 후의 내 모습'은 마치 맞닥뜨릴 것 같지 않은 '추상 세계'였으니까.

몇 년 전 한 대학 연구소에서 지금부터 약 30년 후인 '2040년 한국의 삶과 질'에 관한 보고서를 내놓은 것을 유심히 들은 기억이 있다. '평균 수명의 증가', '국민 소득 증가', '우주여행 보편화' 등 장밋빛 전망도 있었고 '실업률 증가', '1인당 환경부담금 현재보다 배 이상 증가' 등 불길한 전망그런데 이 정도 예측은 나도 할 수 있을 것 같은데도 있었다. 하지만 설혹 온통 장밋빛 전망이라 할지라도 과연 많은 사람이 그것을 바라보며 현재의 어려움을 기쁘게 헤쳐 나갈 수 있을지는 의문이었다. 대부분 우리는 '30년 후 우주여행'보다는 '석 달 후 하와이 여행'이 더 간절하기 때문이다.

새로운 한 해가 시작되면 "지나간 안 좋은 일은 모두 잊고 다시 새롭게 시작해 보자"는 덕담을 나누곤 한다. 사람에 따라 이런 인사가 큰 힘이 되는 경우도 있겠지만 나는 세월이 갈수록 무덤덤해진다. 오

히려 '새해라고 대단한 게 있겠어?' 하며 심술만 커져 가는 느낌이다.

혹시 '밝은 미래'라는 것은 마치 밤하늘의 북극성요즘은 보기 힘들긴 하지만처럼 도달할 수도, 손에 잡을 수도 없는 것은 아닐까? 아무리 달려가도 계속 같은 간격을 유지하며 그저 멀리 떨어져 있는.

그렇지만 그 잡을 수 없는 '북극성 같은 미래'라는 목표가 없다면 어디로 가야 할지 방향을 몰라 헤매고 있을지도 모를 일이다. 앞으로 갈 필요성도, 의지조차 없었을지도 모른다.

지금의 내 위치 역시 투덜투덜 힘겨워하면서도 '북극성 같은 미래'의 빛을 따라 계속 가고 있는 것일 게다.

지금은 올 것 같지도 않은 미래이고 막상 지나고 나면 별것도 아닌 듯한 미래이지만, 그 '추상 미래'가 중요한 것은 현재 우리가 걷는 걸음의 방향을 제시해 주기 때문일 것이고 그 방향이 우리의 '20년 후'를 만들어 주기 때문일 것이다.

학창 시절 그 프로그램에 임하면서 '두 달 후'보다 '20년 후'를 더욱 고민했다면 혹시 지금의 내 모습도 많이 달라졌으려나?

인간의 본성 깨닫기

조지 오웰George Orwell은 소설 『1984년』을 1948년에 쓰고 1949년에 발표했다.

1948년에 그는 먼 미래에는 한 개인의 일거수일투족이 '빅 브라더'에게 모두 노출되고 나아가 개인의 행동과 생각까지 빅 브라더에 의해 조종당하는 일이 일어날 수도 있으리라 상상했다.

내가 이 소설을 처음 읽던 1970년대에만 해도 나는 이런 이야기가 실제로는 일어날 수 없는 일을 상상해서 쓴 공상 소설이라 생각했다. 미래 사회는 만화 영화에서 본 영상처럼 쾌적하고 편하며 사람들은 착하고 정의로울 거라 믿었기 때문이었다. 세계적인 미디어 아티스트 백남준도 1984년 1월 1일에 '굿모닝 미스터 오웰'을 발표하면서 매스미디어의 긍정적 사용을 보여 줌으로써 "오웰은 절반만 맞았다"고 반박했었다.

역시 조지 오웰의 소설『동물농장』은 그보다 더 이전인 1945년에 쓰인 작품인데 우리가 가장 단순하다고 여기는 돼지를 동물들의 대장 역할로 그린 소설이다.

하지만 이 소설 역시 어린 시절에 읽은『브레멘 음악대』와 비슷한 음울한 동화 정도로 여겼을 뿐이었다.

조지 오웰이 이런 소설을 쓴 지는 60~70년이 흘렀고 그가 예측한 미래조차 이젠 30~40년 전의 과거가 되어 버린 지금, 살면서 이런 황당한 공상 소설의 이야기들이 현실로 이루어지는 것을 보며 놀라곤 한다.

가끔 혼자 탄 엘리베이터 안에서 거울을 보며 이상한 표정이나 동작을 취해 볼 때면 바로 이 순간에 누군가 나를 지켜보며 웃고 있을지도 모른다는 생각에 흠칫 놀라곤 한다.

또 이전에는 늘 옳은 이야기만 해서 완전히 믿었던 사람도 세월이 지나면서 변해 가는 모습들을 볼 때면『동물농장』속 돼지 나폴레옹이 진짜 나폴레옹으로 변해 가는 모습과 겹치곤 한다.

우리는 종종 구석구석 CCTV가 설치되어 있어 범죄가 뿌리내릴 수 없는 안정된 사회, 정치와 경제가 완벽한 시스템으로 정착된 맑고 투명한 사회를 꿈꿔 보지만, 그 모든 것이 결코 가능할 수 없음은 기계 고장과 시스템의 오류가 아니라 바로 인간의 마음이 예측 불가능하기 때문일 것이다.

우리의 마음은 상황이 바뀌면 따라서 바뀌고, 안타깝게도 좋은 쪽보다는 나쁜 쪽, 이타적이기보다는 이기적인 쪽으로 바뀌기 쉬운 어리석고 연약한 본성을 지니고 있다.

공상 소설을 읽으며 내 모습도 그렇게 변해 감을 깨닫는다 할지라도, 세상 성인聖人들의 훌륭한 글에 일찌감치 감명을 받아 착하게 살겠노라고 굳은 결심을 한 적이 있었더라도 우리의 본성은 그리 쉽게 바뀌지 않는다.

2010년대에 내가 다시 읽은 조지 오웰의 『1984년』은 통제될 수 있는 미래 사회보다는 상황만 주어진다면 교만해질 수밖에 없는 '우리의 본성'을 이야기하고 있었다.

12_ 내 생각과 같은 것만 받아들이려는 이들에게

사고의 편식

추운 날 저녁이면 늙으신 아버지는 전화로 어김없이 "집이 춥지 않니?" 하고 물어 오신다.

절대 춥지 않다고 대답하지만 아버지 역시 절대 믿지 않으신다. 날씨가 추워 걱정돼서 물으시는 말이겠지만, 그 질문의 의미는 날이 추운데 난방을 아끼지 말고 넉넉하게 때고 있는지를 묻고 있는 것이다. 아무리 "춥지 않다"고 대답해도 믿지 않으셔서 "춥다"고 대답하니 그제야 믿고 전화를 끊으신다.

추위가 끝나면 또 다른 문제를 가지고 이런 대화가 오간다. 물론 본인의 생각과 일치하면 믿고, 일치하지 않으면 믿으려 하지 않는 모습을 보며 많이 답답하기도 하지만 나 역시 이런 모습을 지니고

있다는 걸 알고 있다. 그래서 남을 피곤하게 하기도 하고 누구와는 등지고 살기도 한다.

사실 우리는 대부분 믿고 싶은 것만 믿고 내 생각과 같은 것만 받아들이며, 내 생각과 다르면 상대방에 대해 마음을 닫아 버린다.

어떤 사건이나 사고 앞에서 사건의 진실을 알 수 있는 여러 객관적 증거나 자료가 있을지라도, 자신이 믿고 싶어 하는 것들만 취사선택해서 받아들이는 자신의 모습을 종종 경험했을 것이다. 이는 자신의 경험과 살아온 시간만이 정답인 양 굳게 믿기 때문이다.

그래서 시간과 경험이란 우리를 느긋하게 하며 이것저것 다 받아들일 수 있는 열린 사람을 만들어 주기도 하지만, 때로는 내 것 외에는 결코 받아들이지 않겠다는 더욱 완고하고 닫힌 사람을 만들어 내기도 한다.

스스로는 오랜 시간 여러 경험으로 말미암아 모든 것을 받아들일 만한 열린 사고를 지녔다고 믿고 있지만, 실제로는 오랜 시간 동안 자신이 열린 사고의 소유자라는 착각이 굳어져 오히려 결코 열리지 않는 아주 심각한 사고의 소유자가 되어 있을 수도 있다.

나아가 이는 다른 사람, 그것도 많은 이에게 피해를 끼칠 수도 있다는 게 더 큰 문제일 것이다.

편식이 우리 몸을 성장하지 못하게 만드는 이유이듯 내가 믿고 싶어 하는 것만 믿는 사고의 편식 또한 우리의 성장을 방해하고 있을 것이다.

아버지가 똑같은 질문을 계속하며 원하는 답이 나올 때까지 묻고 또 묻는 상황을 자주 경험하면서, 나도 누군가의 피곤함이 되지 않기 위해 스스로 다짐해 보곤 한다.

듣고 싶지 않은 것에도 귀 기울이기, 내 생각과 다른 것 받아들이기, "내 생각이 틀렸고 상대방이 옳다!"라고 말해 보기를 하면서.

PART 1_
뒤돌아보면
보이는 세상

13_ 아무것도 하지 않으면 불안한 당신에게

게으름에 관한 묵상

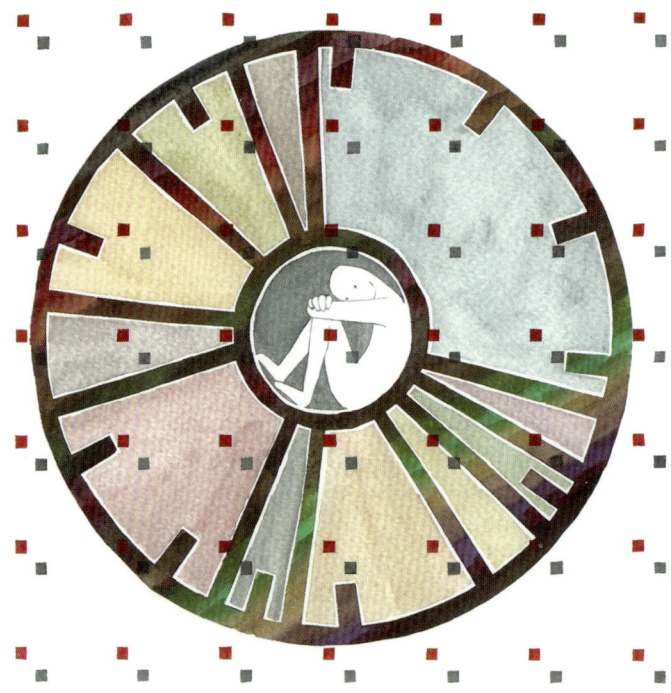

지금 같은 영어 열풍이 불기 훨씬 전, 긴 겨울 방학을 이용해 그 당시 흔치 않던 원어민 영어학원을 다닌 적이 있다. 가끔 영작 숙제가 있었는데 그중 하나가 '장래 희망'에 관하여 쓰는 것이었다.

당시 나는 좀 멋있게 쓰고 싶은 마음에 과학자나 화가, 장군, 교수 같은 보통 아이들이 꿈꿀 수 있는 장래 희망이 아닌 '평범한 삶'을 살겠노라는 글을 써내기로 했다.

'평범하다'라는 형용사를 들어 본 적이 없어 사전을 뒤적거려 'humdrum'이란 단어를 찾아 나름대로 남과 차별되는 글을 제출했는데, 그 원어민 선생님은 '평범한humdrum 것은 게으른lazy 것과 같은 것'이라면서 이런 꿈이 아닌, 더 큰 꿈을 가지라고 말해 주었다.

차별화된 글로 칭찬받을 것을 기대했던 나는 예상외의 지적에 커다란 상처를 받았던 것이 아직도 생생히 기억난다.

그런데 나중에 알고 보니 'humdrum'의 뜻은 우리가 일반적으로 사용하는 평범함이라기보다는 '단조로운, 지루한, 따분한'에 가까웠다. 그때 원어민 선생님이 나를 보고 얼마나 한심해했을까를 생각하면 지금도 얼굴이 화끈거린다. 10대의 장래 희망이 '따분하게 살겠노라'였으니!

PART 1_
뒤돌아보면
보이는 세상

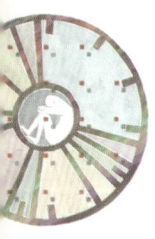

    이때의 부끄러운 기억이 매우 강렬하게 남아 있는지 몸이 게을러지길 원할 때마다 절대 게을러서는 안 되고 뭐라도 해야 할 것 같은 의무감에 사로잡히곤 한다.

    오랜만에 만난 학창 시절 친구가 "너는 계획 세우는 걸 좋아했고 항상 무언가를 했었어"라고 말하는 걸 보니, 원어민 선생님의 가슴 아픈 말을 듣고 게을러 보이지 않으려고 참 무던히도 애썼던 것 같다.

    가끔 긴 연휴가 올 때가 있다. 이때는 도로도 한산하고 길거리에 사람도 매우 적다. 마치 심판이 휘슬을 불어 모든 사람에게 '쉬는 시간Break Time'을 선언한 것 같은 느낌이다.

    그때는 좀 게을러도 괜찮다고 허락받은 듯해서 '아무것도 하지 않는 것을 불편해하지 말아야지' 하고 속으로 다짐한다.

    하지만 이렇게 게으름에 관한 묵상을 하고 있는 내 모습을 보면 오래전 'humdrum'이란 단어를 사용해 만든 부끄러운 영작을 평생 두고두고 만회하려는 게 아닌가 싶다.

14_ 언제나 통쾌한 권선징악의 결말을 기다리는 이들에게

사랑과 진실

아주 오래전 사람들의 귀가를 독촉했던 드라마가 있었다.

〈사랑과 진실〉이라는 제목의 이 드라마는 거짓말로 신분 상승한 주인공이 결국 그 거짓말이 드러나 마지막에 모든 것을 잃게 될 지경을 맞는 내용이었다.

드라마를 애청하던 이들은 속 시원한 권선징악勸善懲惡의 결말을 기대하며 통쾌해했다. 그런데 신분 상승의 야욕을 품은 주인공을 키워주었던 드라마 속 어머니가 한마디를 던진다.

"진실이 뭐가 그리 중요하냐. 나는 그 아이를 사랑한다!"

악이 벌 받을 거라는 시원한 결말을 뒤튼 셈이다.

이렇듯 드라마에 시원한 결말은 못 봤지만 이후 내 삶에 있어 이런 비슷한 상황으로 갈등할 때면 그 드라마의 대사는 사람을 사랑하면

어떤 결론을 내려야 하는지에 대한 판단의 기준이 되어 주곤 했다.

돌이켜 보면 조목조목 짚어 가며 내 옳음을 주장하고, 남의 이야기에서는 허점만 찾으려 했던 나의 모습. 사실 그런 모습은 시시비비를 가려 보자는 의도보다는 '내 의견이 옳고 내가 잘났다'라는 것을 인정해 달라는 뜻이었을 게다.

그렇게 나를 드러내기 위해 어떤 사람들에게는 마음을 아프게 했고, 어떤 사람들에게는 의욕을 상실케 했을지도 모른다. 혹시 사랑하기에 이런 결론을 내리는 것이라는 헛소리는 안 했는지 모르겠다.

그 드라마를 이해할 만큼 세월도 많이 흘렀고 많은 경험도 했지만 **지금도 사랑하기 힘든 것을 사랑할 만큼 내가 변하지는 않은 것 같다.**

진실을 알고도 사랑으로 덮고 포용하고 용서한다는 오래전 드라마가 여전히 나를 불편하게 한다.

15_ 잘하려는 욕심으로 자꾸 긴장하는 이들에게

욕심 빼기

우연히 끄적인 스케치가 매우 만족스러워 다시 크고 좋은 도화지에 옮겨 그리면 절대 처음 스케치만큼 나오지 않는다. 똑같이 그린다고 그렸는데, 아니 오히려 더 정성껏 그렸는데도 처음보다 매력이 없는 심심한 그림이 되는 경우가 많다.

아이들 그림을 보면 재미있고 기분이 좋아진다. 그림으로의 가치는 없을지 몰라도 얼굴 표정은 물론이고 표현 대부분이 어른들에게서는 나올 수 없는 것들이다.

내가 새로 그린 그림이 처음과 다르게 별로인 것이나 아이들의 그림에서 놀라운 표현이 나오는 이유는 잘 그리려는 부담도, 남에게 잘 보이겠다는 마음도 없을 때 비로소 멋진 것이 탄생하기 때문일 것이다.

오래전 성가대를 하던 시절, 아무리 연습을 반복해도 곡이 뜻대로 되지 않자 지휘자가 했던 이야기가 있다.

"세상에서 가장 아름다운 합창은 인종도 나이도 상관없이 다양한 사람들이 모여 함께 한목소리로 노래하는 것입니다."

그런 합창이라면 화음은 고사하고 음도 틀리고 박자도 틀리고 게다가 가사 전달도 제대로 되지 않을 텐데, 미묘한 음의 흔들림에도 지휘봉으로 보면대를 신경질적으로 내리치며 성가대원들을 초긴장시키는 지휘자가 할 이야기는 아니라는 생각이 들었다. 나는 그때 지휘자의 그 말이 완벽을 지향하며 연습하고 있는 성가대원들에게 들려줄 만한 충고로는 전혀 적합하지 않다고 생각했었다.

그 후 몇십 년이 지난 요즘 교회학교 어린이 성가대의 찬양을 듣고 있노라면 그때 그 지휘자의 말이 떠오르곤 한다.

이 어린이 성가대도 연습을 꽤 많이 했을 텐데 간혹 박자나 가사를 놓치는 아이도 있고, 노래 부르는 도중에 딴짓을 하는 아이도 있고, 지휘자를 쳐다보지 않고 다른 곳만 보면서 부르는 아이도 있다. 그래도 그 아이들의 실수까지 예쁘다. 아이들이라고 봐줘서가 아니라 아이들의 합창에는 전문가에게는 없는 것이 있기 때문이다. 아이들에게는 인정받으려는 부담감도 없고 자신을 드러내려는 욕심도 없다.

오랜 연습 끝에 만들어 낸 실력자들의 완벽한 4부 합창은 우리를 감동하게 하지만, 많이 부족하고 단순한 아이들의 합창은 그 순수함으로 우리를 부끄럽게 하는 것 같다.

부담감도 욕심도 버렸을 때 평소에 할 수 없었던 그림이 탄생하듯, 합창의 감동 또한 잔뜩 긴장한 어른들보다는 순수한 아이들에게서 나오는 것이리라.

오래전 성가대 지휘자가 잔뜩 위축된 성가대원들에게 뜬금없이 했던 그 말은 잘 부르겠다는 부담감과 욕심을 빼라는 뜻이었음을 이제야 이해한 것 같다.

PART 2_

고개를 들면 보이는 세상

16_ 꽉 채운 행운의 숫자를 만들고 싶어 하는 이들에게

숫자 12의 비밀

우리나라 사람 대부분은 숫자 '4'를 피하고 싶어 한다. 이유는 한문 '죽을 사死' 자와 발음이 같아서라는데, 엉뚱한 연결이라는 생각은 들지만 이유를 알고 나서도 이미 사로잡힌 생각에서 시원하게 자유로워질 것 같지는 않다.

서양에서는 숫자 '13'이 우리의 '4'와 비슷하다. 요즘은 우리도 '핼러윈 데이'를 챙길 정도로 서양 문화가 생활 깊숙이 점령하고 있으니 요즘 아이에게는 '4'보다도 오히려 '13'이 더 무서운 숫자가 되지는 않았을지.

반면 숫자 '3'이나 '7'은 누구나 다 반기는 행운의 숫자로 각인되어 있다. 학창 시절 '쓰리세븐777' 상표 가방을 기분 좋게 들고 다닌 기억도 있다.

연필 한 다스dozen는 열두 자루다. 그래서 숫자 '12'는 '다 채워진' 뿌듯한 느낌이 들곤 한다. 가끔 물건을 살 때 열 개가 아닌 열두 개를 살 때도 많다. '12'라는 숫자는 나누기도 좋기 때문이다.

전 세계 사람들이 공통으로 사용하는 달력도 12개월이다. 그래서 어쩌면 숫자 '12'는 마음보다 오히려 몸이 잘 기억하고 있을지도 모른다. 마치 7일로 묶인 일주일에 우리 몸이 알아서 반응하는 것처럼.

개인마다 조금씩 다르긴 하지만 이렇듯 숫자는 모두에게 비슷한 느낌과 의미를 지니고 있다.

이처럼 숫자 '12'가 누군가에게는 충분하고 완전하게 다 이룬 반가운 숫자이겠지만, 누군가에게는 두려울 수 있는 상반된 의미의 숫자가 되기도 한다.

한 해를 열심히 달려 성공적으로 마친 사람에게 '12'는 뿌듯한 숫자일 테고, 그러지 못한 사람에게는 마치 불량 연필 한 다스를 모아 놓은 듯 직면하고 싶지 않은 숫자일 수도 있다.

일 년 열두 달이 그렇듯이 시간이란 것은 어떤 것은 쓸 만하고 어떤 것은 사용 불가능한 것이 아니라 과거와 현재, 미래가 모두 순서대로 연결될 수밖에 없다.

불량품 같아서 버리고 싶은 시간도, 아무것도 하지 않아 성장이 멈춰 버린 시간도, 때론 '3'이나 '7'처럼 내 노력보다 더한 행운이 따랐던 시간까지도 모두 차례대로 연결되어야만 하나의 흐름이 만들어지고 그제야 비로소 그 볼품없는 조각들의 가치가 드러날 수 있을 것이다.

그래야만 그 당시는 의미 없어 보였던 알 수 없는 모양의 조각들이 퍼즐처럼 딱 들어맞아 마지막에 모든 것이 환하게 드러나게 되는 것은 아닐지.

그때를 바라보고 기대할 수만 있다면 지금 사소해 보이는 순간도, 사람도, 일도 모두 귀중하고 가치 있을 것이다.

숫자 '12'가 되기까지 1에서 11까지의 모든 숫자가 필요하듯, '남과 다른 나만의 작품'이 완성되기까지는 작고 초라하고 잊고 싶을 만큼 아팠던 시간 모두 반드시 필요한 소중한 조각이 될 것이다.

PART 2_
고개를 들면
보이는 세상

17_ 별일 없이 산다고 말하는 이들에게

별일쯤이야!

옛말에 "구경 중에 제일 재미있는 건 불 구경과 싸움 구경이다"는 말이 있다. 아니, 이게 웬 못된 심보!

틀림없이 못된 심보이긴 하지만 누구나 수긍할 만한 우리의 속마음일 것이다. 그 누가 불이 나고, 요란하게 싸우는 것을 좋아하겠냐마는 그게 내 일이 아니고 제3자의 입장에서 구경하거나 도와주거나 위로하거나 말리는 상황이라면 이야기가 또 달라진다.

나는 별일 없이 살기를 원하면서도 내 주위엔 가끔씩 별일이 일어나서 내가 어떤 특별한 역할을 할 수 있게 되기를 은근히 바라는 마음이 우리에게 있을 수 있다.

그래서 "그동안 별일 없었어?"라는 물음에 "별일 없었다"라는 대답이 돌아오면 왠지 허전하게 느껴졌던 기억이 있을지도 모른다.

〈별일 없이 산다〉라는 이색적인 제목의 노래가 있다.

"네가 깜짝 놀랄 만한 얘기를 들려주마…… (중략)

나는 별일 없이 산다

뭐 별다른 걱정 없다"

가사가 재미있고 또 다소 생뚱맞은 것 같지만 한편으론 뜨끔하기도 하다.

내가 별일이 있어 힘든 시간을 보내고 있는 것이 아니라 별일 없이 무난하게 사는 것에 상대방이 깜짝 놀라다니!

실제로 이 노래를 부른 가수도 사람들이 별일 없이 산다고 대답하면 오히려 실망하는 모습들을 발견하고 이런 가사를 만들었다고 하니, 상대방에 대한 걱정으로 포장된 자기만족이 우리에게 있음이 확실해진다.

　하지만 살다 보면 누구나 할 것 없이 크고 작은 별일 속에 살고, 즐겁고 기쁜 일보다는 아프고 힘든 일이 많다. 아니, 기쁘고 감사한 일이 많더라도 우리에게는 힘들고 아픈 일의 무게감이 더 크게 와닿기에 어려운 일이 더 많아 보일 수도 있다. 다만 어떤 일은 남에게 말할 수도 없는 아픔이고, 어떤 일은 말해 봤자 상대방에게 부담만 줄 뿐이고, 어떤 일은 소득 없이 여기저기 전하고만 다니게 될 것 같아 이야기를 하지 않을 수도 있다. 그래서 "별일 없이 산다"라는 말은 사실에 관계없이 참 공허하게 들린다.

　이제부터는 "별일은 종종 있지만 그 별일에 흔들림 없이 굳건히 살고 있다!"라고 씩씩하게 대답하면 어떨까?

PART 2_
고개를 들면
보이는 세상

18_ 삶의 늪에 빠져 발버둥 치는 이들에게

늪

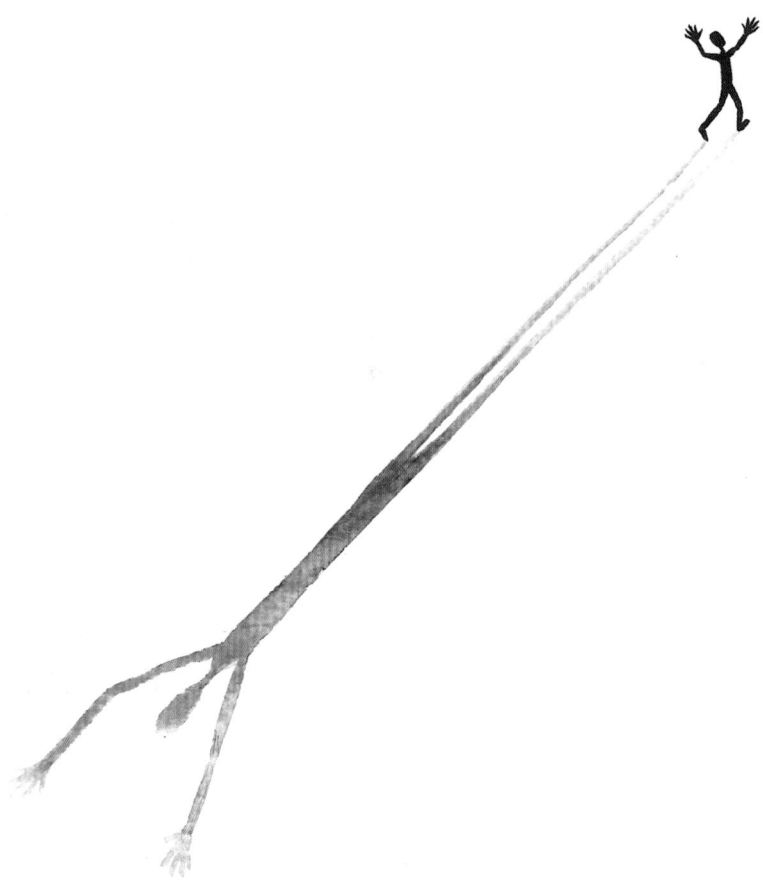

오래전 TV에서 방영했던 〈타잔〉이라는 드라마는 몇십 년이 지난 지금 영화와 애니메이션 등으로 화려하게 제작되어 요즘 아이들에게까지도 잘 알려져 있는 작품이다.

타잔은 위급할 때 "아~아아~ 아아아아~~" 하며 거대한 코끼리들을 불러 모아 정글의 평화를 위협하는 악당을 물리치기도 하고, 긴 나무덩굴을 이용해 길도 없는 정글 구석구석을 날아다니곤 했다. 타잔은 대부분의 동물과 친구였지만 종종 무서운 동물들과 싸우기도 했는데, 아슬아슬하긴 해도 언제나 그렇듯 반드시 주인공인 타잔이 이겼다.

정글에서 가장 무서운 동물인 악어도 타잔은 단검을 사용해 물리치곤 했다. 그런데 〈타잔〉에서 총을 가진 악당들보다 악어, 사자, 호랑이보다도 더 무서운 존재가 있었으니 그건 바로 '늪'이었다.

늪에 한번 빠지면 악어를 물리친 단검도, 호랑이를 물리친 그 힘과 용기도, 정글 곳곳에 널려 있는 타잔만의 정글 자가용인 나무덩

PART 2_
고개를 들면
보이는 세상

굴도 아무런 소용없다. 오히려 빠져나오려고 애쓰면 애쓸수록 깊이 빠져 버리는 것이 이 늪이라는 것을 나는 자연 시간이 아니라 〈타잔〉을 통해 알게 되었다.

 이후 늪은 내게 있어 세상에서 가장 무서운 존재가 됐다. 악어, 사자, 호랑이는 내가 있는 힘을 다해 싸우면 이길 수도 있는 대상이지만, 늪은 나 혼자만의 힘으로는 절대 빠져나올 수 없는 곳이 되어 버렸다.

 이때 주로 구원자 역할로 등장하는 것이 '치타'라고 부르는 침팬지였는데, 그 작고 힘없는 침팬지가 던져 주는 나무덩굴 하나로 타잔은 늪에서 빠져나올 수 있었다.

 우리 삶도 가끔 악어, 사자, 호랑이처럼 무서운 문제 앞에 부딪치는 경우가 있다. 그리고 더러는 이 무시무시하고 자신보다 훨씬 힘이 센 문제 앞에서 마치 영화처럼 내가 가진 몇 개의 무기들 지식, 돈, 용기 같은 것들로 몇 번쯤 이겨 봤을지도 모른다. 하지만 진짜 어쩔 수 없는 막다른 골목이 있는데, 바로 이 늪에 빠진 경우다.

'악어, 사자, 호랑이와 싸웠던 경험으로 한번 대항해 보자!' 하는 각오로는 안 되는 대상이 바로 이 늪이고, 살아서 펄펄 움직일수록 불리해지는 곳이 늪이다.

내가 가진 것이 의미 없어지는 곳이며, 내 힘으로 악어, 사자, 호랑이를 물리쳤던 경험이 오히려 내가 '나의 할 수 없음'을 인정하는 데 시간을 더 지체하게 만들 수도 있다.

내 생각과 내 힘과 내 의지를 다 내려놓고 "나는 아무것도 할 수 없구나!"라는 고백이 나오는 곳이며, 나는 그저 가만히 있어야 하고 누군가의 도움을 구하기 위해 외쳐야만 하는 곳이 바로 이 '늪'이다.

그런데 영화와 같이 늪에 빠지는 순간 자신이 늪에 빠진 것을 알면 좋으련만 늪에 빠진 줄도 모르고 자신의 방법으로 해결하려고 계속 발버둥 치다가 뒤늦게 알게 되는 것이 '타잔의 늪'과 '현실의 늪'의 차이인 것 같다.

19_ 수많은 실패로 포기하려는 이들에게

실패의 가치

재미난 애니메이션 영상을 본 적이 있다.

높은 냉장고 위에 놓인 쿠키를 먹고 싶은 돼지 한 마리가 주인공이다. 널뛰기로 몸을 날려 보기도 하고 흡착 막대기로 암벽 등반하듯 냉장고를 오르기도 하면서 갖은 애를 쓰는 장면이 이어진다.

하지만 이 모든 시도는 결국 실패로 끝났고, 놀랍게도 돼지가 냉장고 밑에 기진맥진 쓰러져 털썩 주저앉는 순간 그 반동으로 냉장고가 흔들거리더니 쿠키가 와르르 쏟아진다. 놀란 돼지가 기쁜 마음에 쿠키를 먹으려는데 냉장고 위에 있던 쿠키 그릇이 돼지 머리 위로 떨어져 황당해하는 돼지의 표정이 이 영상의 마지막 장면이었다.

　달리는 버스에서 틀어 놓은 이 영상을 보며 혼자서 웃기도 하고 감동하기도 했는데 이 짧은 영상이 우리의 긴 인생 같다는 생각이 들었다. 이 영상에서는 돼지가 쿠키를 먹지 못하는 것으로 끝이 났지만 이 정도의 수고와 지혜, 그리고 그것을 실천하는 추진력까지 갖춘 돼지라면 머리에 뒤집어쓴 쿠키 그릇을 벗어 던지고 반드시 쿠키를 먹었을 거라는 생각이 들었다.

　돼지가 쿠키를 먹을 수 있었던 것은, 적어도 쿠키를 손으로 잡을 수 있었던 것은 우연히 냉장고가 흔들렸기 때문만은 아니었을 것이다. 헛수고로 보이는 무수한 시도가 있었기에 냉장고가 흔들릴 수 있었고, 그래서 결국 쿠키를 손에 잡을 수 있었을 것이다.

　또 여러 시도가 모두 실패하여 이젠 포기한 듯한 표정으로 쓰러졌을 때 마치 하늘에서 만나가 떨어지듯 냉장고 위의 쿠키가 떨어지는 장면을 보면서 이 방법, 저 방법 다 해봤지만 내 힘만으로는 부족해 아무 열매도 없이 낙심하고 절망하여 자신의 연약함을 인정할 때 드디어 해결의 문이 열리는 감동을 받았다.

어린이용 짧은 애니메이션이 이런 심오한 원리를 이처럼 재미있게 설명하다니……. 아니면 오래 살다 보니 이런 애니메이션에서도 삶의 원리가 보이는 것인지.

학창 시절 새옹지마塞翁之馬, 전화위복轉禍爲福 등의 사자성어를 시험 공부로 열심히 암기했지만 그 뜻을 진짜 이해하는 데는 몇십 년은 걸린 듯하다. 오래전 겪었던 힘든 시간이 현재의 유익이 되고, 아팠던 사연이 넉넉한 마음이 되고, 실패의 쓴 경험이 새로운 문을 열어 주는 열쇠라는 사실은 머릿속 암기로는 절대 알 수 없기 때문이다.

지금도 우리는 실패해 가면서 어린 시절 교과서에서 배웠던 것을 확실하게 익히고 있는 과정을 살고 있나 보다.

20_ 갈등을 겪고 있는 이들에게

갈등 해결의 열쇠

　딸과 나는 친한 모녀지간이지만 가끔은 날카로운 신경전이 벌어지는 때도 있다. 경험상 내 의견이 옳은 듯한데 딸 역시 매우 타당성 있게 자신의 의견을 확신에 차서 설명하면 둘 다 양보가 어려워진다. 딸의 말을 듣다 보면 '그렇게 생각할 수도 있겠구나'라는 생각이 들기도 하고 종종 내 판단이 틀렸음을 깨닫기도 한다. 하지만 "네 생각도 옳고 내 생각도 옳다"까지는 인정할 수 있어도 '내 생각이 틀렸음'을 인정해야 할 때가 오면 화를 내거나 그 자리를 떠버려서 수습이 어려운 상태로까지 변하기도 한다. 참 졸렬한 모습이라 뒤통수가 뜨거우면서도 당장 쿨하게 인정하고 "네 뜻대로 하자"라고 말하기는 참 어렵다.

　그런 나의 모습을 볼 때면 '내가 아버지한테 느끼는 답답함을 지금 딸이 느끼겠구나'라는 생각이 들면서 씁쓸해진다. 때론 상황을 잘 이해하시면서도 불리한 것은 외면해 버리거나 잘못된 생활습관을 바꾸시라고 해도 "알겠다"고 대답만 할 뿐 여전히 바꾸지 못하시

는 아버님의 모습이, 화내며 상황을 모면하려는 나의 모습과 다를 바가 없기 때문이다. 이럴 때면 끝까지 내가 옳다고 또박또박 주장했던 모습이 심히 부끄러워지고 만다.

과연 내 의견이 옳다는 것을 인정받는 것만이 내게 좋은 결론일까? 그렇다면 한쪽의 의견이 옳다고 결론이 날지라도 상대방은 "네 의견이 옳지만 너를 따르기는 싫어"라고 말하고 돌아설지도 모른다. 말 그대로 전투에선 이기고 전쟁에선 지는 일이 발생할 수도 있는 것이다.

우리가 어떤 의견에 동의한다는 것은 그 의견에 동의한다기보다 의견을 낸 사람을 신뢰한다는 뜻이 더 강할 수도 있다. 갈등은 의견 차이보다는 상대방에 대한 믿음과 호감이 훨씬 강하게 작용하고 있는지도 모르기 때문이다.

모녀지간의 갈등은 당시에는 수습이 안 될 것 같아도 항상 몇 시간도 못 가 서로 후회하고 사과 분위기로 훈훈해지고, 부녀지간의 답답함 역시 결론도 없고 바뀌는 것도 없지만 그저 매일의 일상으로 받아들이며 사는 것처럼 말이다.

갈등의 극복은 정확한 판단이나 풍부한 경험보다는 내가 상대방을 얼마나 인정하고 믿어 주는가에서 시작해야 원원win-win의 결과를 얻을 수 있을 것이다.

21_ 아파서 회복이 필요한 이들에게

마음의 불순물 제거

지금껏 딱히 병원 신세를 져본 일 없이 살아왔지만(이런 건 자랑하지 말라던데……) 아주 가끔 심하게 체해서 고생을 하곤 한다.

체하면 먼저 머리가 심하게 아프기 시작해 매번 두통약부터 복용하곤 하는데, 이 두통은 약과 상관없이 체기가 있는 동안은 계속된다. 그래서 다 나을 때까지는 머리가 아프고 가슴이 답답해 아무것도 할 수 없는 의욕 제로의 상태가 되곤 한다.

누워 있으니 두통은 더 심해지고 그렇다고 일어나 움직이기는 더 힘들어 어찌해야 좋을지 모르는 상태로 하루 이틀 지내야만 한다. 그러면서 물이며 약이며 몸속에 들었던 것들이 모조리 다 밖으로 빠져나오는데 완전히 비워진 후에야 조금씩 회복된다.

그러고 나면 맛있는 것은 물론이거니와 평소 좋아하지도 않던 음식들까지 눈에 들어와 조리하기 싫어서 방치했던 재료들을 이용해 즐겁게 요리해서 먹게 된다. 요리뿐만 아니라 청소도 기쁜 마음으로 씩씩하게 하게 되고, 급하지 않아 미뤄 두었던 큰 빨래들도 꺼내게 된다.

　무슨 대단한 약이라도 먹은 것처럼 하기 싫어 계속 묵혀 두었던 일들도 기쁘게 해내고 마음까지 밝아져 "모두가 사랑이에요~" 같은 노래까지 흥얼거리곤 하니, 마치 마음속에 있는 미움의 감정까지 모조리 씻겨 나간 것이 아닌가 하는 생각이 들 정도이다.

　하루 이틀 사이에 일어난 이런 변화는 묘한 중독성이 있어 가끔 은근히 기다려질 때도 있다. 평소 없던 용기까지 솟아나 불가능해 보였던 일까지 도전해 볼 의욕이 생기기 때문이다.
　마치 모든 불순물을 깨끗이 제거하고 성능 좋은 새것이 된 것 같은 느낌이다. 그래서 가끔 만나는 아픈 몸과 마음에 불순물이 쌓여 청소가 필요한 시기로 받아들이기로 했다.
　마음의 결심만으로는 할 수 없는 것을 몸이 적극적으로 반응하며 도와주는 것이라고나 할까.

22_ 나만 아직 통과하지 못했다고 좌절하는 이들에게

19회의
토스

고등학교 시절, 대학에 가면 귀밑 1cm 단발머리에서 벗어날 수 있다는 사실만큼이나 기대되는 것이 바로 체육 수업이 없을 거라는 것이었다. 워낙에 운동신경이 없어 달리기나 멀리뛰기 같은 기초 운동은 말할 것도 없고, 피구 게임을 해도 제일 먼저 공에 맞아 나가는 학생이었으니까.

그런데 웬걸, 대학에도 체육 수업은 여전히 있었고 더 못하는 무용 수업까지 있었다. 그것도 고등학교 때처럼 어느 정도 필기시험으로 만회할 기회조차 없이 100% 실기로 점수가 매겨졌다.

한 학기는 배구 토스 20회가 시험이었는데 이것이 바로 그 학기의 학점이었다. 첫째 주에 통과한 학생은 A, 둘째 주에는 B, 셋째 주에

는 C, 이런 식이었다. 잘하는 친구들은 첫날 몇 번 연습하고 통과했지만 나는 당연히 첫째 주도 연습, 둘째 주도 연습, 셋째 주 역시 연습만 해야 했다. 시험에 도전하겠다고 교수님 앞에 설 엄두도 내지 못한 채 그저 연습에만 몰두해야 했다.

그런데 셋째 주 수업 시간이 거의 다 끝나가고 C학점도 포기해야 할 즈음 놀랍게도 교수님이 내게 "연습할 때 지켜봤는데 20회를 모두 마쳤다"라고 이야기하며 통과시켜 주시는 게 아닌가. 나 혼자 연습한 것도 아니고 나 같은 친구 열 명은 넘게 뒤섞여 연습하고 있었고 내가 세기로는 19회에서 멈춘 것 같은데.

교수님이 나만 지켜보셨을 리 만무해 아무래도 잘못 세신 것이 틀림없지만, 나야 그저 '황송무지로소이다' 할 수밖에.

인생의 전반부와 중반부는 이미 마쳤고 후반부에 들어서고 있는 지금, 가끔 남들은 모두 20회의 토스를 이미 통과했는데 나만 아직 땀 뻘뻘 흘리며 연습 중인 것이 아닌가 하는 느낌이 들곤 한다.

때론 초조하기도 하고 때론 영원히 통과하지 못할 것 같은 불안감도 밀려든다. 그럴 때면 불가능할 것 같았던 20회 토스에서 한 개를 덤으로 얻어 통과했던 경험이 떠오른다. 그때는 그저 운이 매우 좋

앉던 것이라 여기고 지나갔지만, 사실은 3주간의 연습 과정이 결코 헛되지 않았다는 것과 내가 모르고 있었을 뿐 열심히 연습하는 과정을 관심 있게 지켜보는 이들이 주위에 있었기에 가능한 것은 아니었을까?

그리고 그 지켜봐 주는 이들은 내가 부족할 때 "내가 세어 봤는데 20회가 확실해!" 하며 덤까지 주면서 내 능력 이상으로 나를 인정해 주고 있는지도 모른다. 그 플러스 1의 덤은 내게는 그저 하나가 아닌 19 이상의 숫자일 수도 있으리라.

우리 삶에 안 좋은 일이 계속 겹치는 경우가 더 많이 일어나는 것 같기도 하지만 '황송무지'한 경우도 있었기에 여기까지 온 것이 아닐까.

그렇다면 지금 할 일은, 아마도 계속 연습하기?

PART 2_
고개를 들면
보이는 세상

23_ 인생의 우선순위 앞에 갈등하는 이들에게

부등호

결벽증 증상이 있는 아이에게 미술 지도를 해줄 때면 지저분한 선을 조금도 참지 못해서 그리기보다 지우기에 더 신경을 많이 쓰는 것을 보게 된다.

그 지저분한 선도 그림에 다 도움이 된다고 말해 주어도, 나중에

  한꺼번에 지워도 된다고 아무리 이야기해 주어도 아이는 그림 그리는 정성보다 불필요해 보이는 선들을 지우는 데 더욱 정성을 쏟는다.

  가끔 영화를 보면 인형 하나 집기 위해, 혹은 여러 사람의 목숨이 위태로운 상황에서 사랑하는 개나 고양이를 구하기 위해 주인공이 아닌 한두 명의 단역들이 죽는 경우를 종종 보게 된다.

  물론 허구라고는 하지만 사실 우리의 삶 속에서도 덜 중요한 것 때문에 더 중요한 것을 잃어버리는 경우를 종종 볼 수 있다. 큰 목표를 두고 그것을 위해 지금 무엇을 하는 것이 가장 중요한지, 상황에 따라 어떤 일이 우선인지 그때그때 알아서 행동할 수 있으면 좋으련만 우리는 그렇게 지혜롭지도 못하다.

  또 중요하고 먼저 해야 할 일은 대개가 더 어렵고 하기 싫은 일들인 경우가 많다. 그래서 몰라서 못하기도 하지만 더러는 알면서도 회피하는 것이 우리의 모습이다.

  우리 삶에 우선순위를 매기는 것은 수학에 나오는 숫자들의 크기를 부등호의 방향으로 쉽게 결정짓는 것처럼 단순 명료하지 않다.

  2차, 3차 방정식과는 비교도 할 수 없을 만큼 복잡하고 변수가 많은지라 정답인 줄 알고 달려온 길도 '이게 아닌가 봐!' 하는 경우가 생기기도 하고, 결과를 보니 달려온 만큼 더 멀어지게 된 억울한 경우도 생길 수 있다.

  앞에 말한 결벽증 증상이 있는 아이는 정작 중요한 그림 내용에 있어서는 또래보다 못한 그림이 나오거나 완성한 후 오히려 더 지저분해지는 경우도 많다. 반복되는 지우개질로 다 헐다시피 한 도화지를 보며 이 아이가 지우는 데 쏟은 에너지를 그리는 에너지로 사용했다면 얼마나 좋았을까 하는 생각을 해본다.

  혹여 나 역시 삶의 중요도의 부등호를 잘못 알고 쓸데없는 일에 힘을 낭비하고 있는 것은 아닌지, 아이가 그림 그리는 모습을 지켜보며 나의 모습을 점검해 본다.

24_ 생각지도, 원치도 않는 길을 걷게 된 이들에게

귀한 보물을
얻는 방법

 승객도 많지 않은 조용한 버스 안에서 세 명의 젊은 아가씨가 큰 소리로 떠들어 댄다. 말하는 내용을 봐서는 대학생인 것 같은데 시끄러움이 거의 무례함 수준이다.
 자신들의 전공에 대한 이야기를 하다가 한 친구가 "사회복지학과 같은 데를 왜 가는지 모르겠어"라는 말을 한다. 또 한 친구는 "그런 곳은 꿈도 없고 특별한 재능도 없는 사람이나 가는 곳이야"라고 말을 거든다. 그러자 또 다른 친구는 사회복지학과에 다니는 애를 봤더니 봉사하게 생긴 얼굴이란다. 다시 말해 봉사밖에 할 수 없는 얼굴이라는 거다. 이어 '유아교육과'까지 이들 대화에 올라 난도질당하는 것을 들어야 했다.
 시끄러움과 더불어 그 내용의 경박함에 참으로 듣기 민망했다.

　우리 아이 초등학교 저학년 시절, 자원봉사로 교내 미술지도를 시작한 이후 나는 아동에 대한 지식도 사랑도 딱히 없이 오랫동안 아동 미술 지도를 해오게 되었다.

　그뿐만 아니라 이후 발달장애 아동들을 만나게 되어 이들까지 미술 지도를 하게 되면서 나로서는 전혀 생각지도 않은 길로 들어서게 되었다. 그러니까 나는 버스 안 세 명의 젊은 아가씨들에게 난도질 당한 일들 모두를 20년 가까이 계속하고 있는 것이다.

　나는 럭비공처럼 어디로 튈지 모르는 아이들과 아무리 설명해도 아는지 모르는지 반응이 없는 발달장애 친구들을 대해 오면서 이들을 참사랑으로 대하며 끝까지 기쁜 마음으로 참아 주는 유아 지도 선생님과 사회복지사들이 세상에서 제일 대단하고 훌륭하다는 생각을 가지게 되었다.

　또한 이런 아이들을 자꾸 만나면서 이들로 인해 나의 못된 습성과 드러나지 않았던 교만함을 볼 수 있게 되어서 이를 고치는 시간이라는 것을, 오랜 시간이 지나니 비로소 깨달을 수 있었다.

  내 의지대로 모든 게 잘 되었다면 내가 남들을 얼마나 피곤하게 하고 얼마나 마음 상하게 하는지 결코 깨닫지 못했을지도 모르니, **원치 않았던 길에서 꽤 큰 보물을 얻은 셈**이다.

  꿈 많고 가능성 많은 10대, 20대 시절에는 내 의지로 내 인생의 방향을 선택할 수 있을 것 같지만 세월이 흐르면서 확실히 배운 것은 절대로 그렇지 않다는 것이다.

  내 의지로 결정할 수 있는 것은 주어진 길에서 온 힘을 다해 열심히 사느냐와 좌절하고 낙심하여 불평하면서 사느냐 둘 중 하나의 선택일 뿐이다.

  그래서 이제 귀한 보물을 얻을 수 있는 특별한 길은 알 수 없어도 귀한 보물을 얻을 수 있는 평범한 방법은 알 것 같다.

PART 2_
고개를 들면
보이는 세상

25_ 마음 문을 열었다가 기쁨보다 상처를 받았던 이들에게

마음 문 열기

얼마 전 한 라디오 방송에서 개그맨 이동우 씨의 인터뷰를 듣게 됐다.

그는 참 잘나가던 연예인이었는데 몇 년 전부터 눈이 점점 흐릿해지더니 이제는 아무것도 볼 수 없게 되었다고 했다. 잘나가던 젊은 연예인이 삶의 정점 같은 곳에서 만나야 했던 고난은 그 누구보다도 받아들이기 힘들었으리라 충분히 짐작이 간다.

그래도 처음에 그는 남과 비교해 경제적으로 여유가 있을 테고, 주위에 도움의 손길이 되어 줄 많은 사람도 있을 것이라는 생각에 그보다 훨씬 더 상황이 열악한 이들보다는 낫지 않을까 하는 선입견을 갖고 들었던 게 사실이다.

하지만 그는 이런 자신을 받아들이고 다시 활동하기까지는 5년이

라는 세월이 걸려야만 했고, 남들이 겪는 단계를 똑같이 지독하게 겪었다고 했다. 그는 "아무리 옆에서 도와주려 해도 내가 준비되지 않으면 아무도 나를 도울 수 없다"면서 마치 내 선입견을 짐작이나 한 듯 자신의 변화 과정을 전해 주었다.

누군가를 원망하며 매일 분노해도 그저 옆에 있는 사람들이 참으며 도와주지 않았을까 하고 막연히 추측했던 내게 그는 "받기만 해도 될 상황으로 보일지라도 마음 문을 열지 않으면 소용이 없고, 그 마음 문을 여는 것은 전적으로 자신의 몫이다"라는 마무리 말을 들려주었다.

성격이 꼼꼼해 완벽한 것을 추구하지만 그래서인지 자신의 결과에 대해선 늘 불만족인 한 아이에게 "너는 지금 매우 잘하고 있다"고 칭찬을 해주었다. 그런데 아이는 기분이 좋아지기는커녕 "부족한 자신을 격려하기 위해서 그냥 하는 말인 것을 다 안다"면서 오히려 더 낙심하고 말았다.

자신에 대한 목표치가 높아서인지 아이는 칭찬을 칭찬으로 받아들이지 못하는 것 같다. 그 아이를 보면서 이동우 씨가 들려준 "마음 문을 열지 않으면 아무 소용이 없다"는 말이 다시금 떠올랐다.

몇 해 전 내로라하는 가수들의 서바이벌 경연 프로그램이 엄청난 화제를 모은 적이 있었다.

모두 10년 이상에 걸쳐 노래를 잘한다고 검증된 이들이고, 또 매번 마지막 무대라는 각오로 혼신을 다하니 당연히 최고의 무대가 될 수밖에 없었다. 볼륨을 높이고 TV 앞에 바짝 다가가 집중해 듣는 내 모습을 보자니 '내가 이토록 무엇인가를 열심히 들으려는 준비를 한 적이 있었던가?' 하는 생각이 들었다.

들려주는 쪽은 최선과 열심을, 듣는 쪽은 이것들을 다 흡수하겠다는 커다란 귀와 활짝 열어 놓은 마음을 준비했기에 '폭풍 감동'을 만들어 낼 수 있었다는 생각이 든다.

우리는 마음 문 열기에 서툰 문화 속에서 살고 있기도 하지만, 무엇보다 괜히 열었다가 기쁨보다 상처가 먼저 들어온 경험이 한 번쯤은 있었을 것이다. 하지만 그런 상처도 칭찬과 격려 못지않은 '삶을 생동감 있게 움직여 주는 에너지'로 전환할 수 있는 큰 자원이라 믿는다. 마음 문을 연다는 것은 바로 에너지를 받을 준비를 하는 것이 아닐까.

PART 2_
고개를 들면
보이는 세상

26_ 잘못 섞인 색 때문에 새로 그리고자 하는 이들에게

혼합색의 매력

'색에는 빨강, 노랑, 파랑의 삼원색이 있으며 나머지 모든 색은 이 삼원색을 섞어서 만든 것이다.'

어린 시절 배운 이 이론은 성인이 되어서도 대부분 기억하고 있을 것이다.

원색은 섞어서 만들어 낸 것이 아니기에 매우 맑고 화려하다는 특징이 있다. 또한 이 세 가지 원색만 있으면 무한대의 색을 만들어 낼 수 있는데 색을 섞다 보면 신비하고 오묘한 색이 나오기도 하고, 때로는 구정물같이 탁한 색으로 변하기도 한다.

이때 처음 의도한 색을 만들어 내지 못했다면 버리고 새로 만들어야 한다. 이미 혼합된 색에서 잘못 섞었던 색만 빼낼 수는 없기 때문이다.

그렇지만 이렇게 버리고 싶은 색일지라도 그림 그릴 때 매우 요긴한 경우가 있다. 주제를 잘 살리면서도 자신은 드러나지 않는 최상

의 배경색이 되기도 하고, 때로는 화려하기만 한 색들 가운데서 좋은 중화 역할을 하기도 한다. 왜냐하면 그 색은 모든 색이 다 섞여 있어 어떤 색과도 어색한 부딪침이 없기 때문이다.

사람은 태어나 영유아기를 거치고, 아동기와 청소년기를 지나면서 마치 원색이 이것저것 섞여 색이 변화되어 가듯 좋든 나쁘든 변화되기 마련이다.

처음 원색의 느낌이 많이 오염되지 않은 채 맑음을 잘 유지하는 사람도 있겠고, 혹은 필요에 맞게 섞여 일찌감치 적소適所에 활용되는 사람도 있을 것이다. 하지만 너무 탁해져 어디에도 쓸 수 없게 된 색처럼 지난 세월이 '버리고 싶은 헛된 시간'으로 기억되는 사람도 분명 있을 것이다.

하지만 이미 혼합된 색에서 부적당했던 색만 빼낼 수 없는 것처럼 '내 지난 세월 중에서 이것만 없었더라면' 하고 후회하는 부분만 빼낼 수는 없는 노릇이다.

그래서 사람들은 종종 "다시 시작하고 싶다"라고 말하기도 하고, 초등학교 어린이처럼 "선생님! 그림 망쳤어요! 도화지 새것으로 다시 주세요!" 하고 외치고 싶어지기도 한다.

PART 2_
고개를 들면
보이는 세상

그러나 여러 색이 잘못 혼합되어 쓸모없게 된 색처럼 보인다 할지라도 그림을 완성할 때 화려한 원색보다 더 빛나는 역할, 원색이 도저히 못하는 역할을 그 혼합색이 해내듯이, 낭비한 듯한 내 삶의 시간들도 귀한 쓰임새가 있음을 오랜 시간이 흐르니 깨닫게 된다.

원색의 화려함도 중요하고 일차색, 이차색같이 쉽게 만들어져 사용되는 색도 중요하지만, 도무지 어떻게 섞여 나왔는지 모르는 채도 낮은 색도 하나의 작품에서는 꼭 필요하다.
실패한 듯 보이는 쓸모없는 색이 작품을 최상의 것으로 끌어올리듯 **지나간 실패와 아픔, 고난이라는 탁한 색도 우리의 삶에 조화를 이루며 삶을 최상의 작품으로 만드는 데 반드시 중요한 역할**을 할 것이다.

27_ 가진 것이 적어 속상해하는 이들에게

사용함의 진가

한동안 회자되던 유머가 있다.

배에 타고 있던 한 할머니가 실수로 갑자기 물에 빠지게 되었다. 배에 있던 그 누구도 용감하게 뛰어들지 못하고 발만 동동 구르고 있었는데, 한 할아버지가 물에 풍덩 뛰어들더니 할머니를 구해 오셨다. 모두들 박수를 보내면서 할아버지의 용기를 칭송했다. 그때 할아버지가 하신 말씀.

"누가 내 등 떠밀었어?"

지하철 승강장에서 종종 사고가 일어난다. 취객이 발을 헛디뎌 떨어지기도 하고 스스로 떨어지는 이들도 있다. 이런 사고 때문에 요즘은 대대적으로 차단막 설치를 해놓은 상태이다.

그런데 이런 사고가 났을 때 철로로 떨어진 사람을 구하기 위해 목숨 걸고 뛰어내리는 사람들이 있다. 이런 용감한 시민은 이렇게

말하곤 한다.

"할 일을 했을 뿐인데요."

그들은 자신 앞에 놓인 상황에서 옳은 일을 위해 온 힘을 다한 것이다.

우린 종종 더는 피할 길이 없는 상황 때문에 용감해지기도 하고, 그때 그 자리에 내가 있어서 본의 아니게 착한 일을 하게 되기도 한다. 내 앞에 그런 상황이 닥쳤기에 내게 좋은 일을 할 수 있는 기회 역시 주어진 것이다. 물론 그 자리에 있어도 용기가 없다면 할 수 없는 일이기는 하겠지만.

한동안 정신없이 좋아했던 의학 드라마가 있었다.

정의롭기에 많은 불이익을 당해야 했던 의사가 주인공인데 그 의

사의 친구가 그에게 했던 말이 있다.

"너는 처음부터 좋은 의사는 아니었다. 하지만 중요한 선택의 순간이 네 앞에 왔을 때 너는 옳은 것을 선택해 왔고 그래서 지금의 모습으로 만들어졌다."

물론 이 경우에도 그 의사의 마음속에 따뜻함이 있었기에 가능했겠지만, 그 중요 선택의 순간이 그에게로 왔기에 그를 멋진 의사로 성장시킬 수 있었을 것이다.

내가 가지고 있는 것은 적을 수도 있고, 훌륭한 사람들에 비하면 매우 볼품없을 수도 있다. 하지만 귀한 것을 금고 깊숙이 숨겨만 놓았거나 대단한 재주를 지니고도 자신만을 위해 쓴다면 앞에서 말한 할아버지보다 못하다 할 것이다.

내가 가진 것이 적은 것에 속상해할 것이 아니라 내가 가진 것이 사용되지 못함에 속상해하고, 적은 것이나마 사용할 수 있음에 감사해야 할 것이다.

28_ 자기 의지와 관계없는 일들로 억울해하는 이들에게

세상에
공짜는 없다

　최근 오래전에 쳤던 피아노곡을 다시 연습해야 할 일이 생겼다. 특별한 목표가 생긴 것은 아니지만 어린 친구에게 들려주겠노라고 약속했기 때문이다.
　무슨 일을 이루려면 '조금씩이라도 자주'가 효과적이라 믿고 있기에 10분이나 20분씩이라도 매일매일 연습하겠다는 각오로 보름 정도는 실천했는데, 이런저런 이유로 사실 게을러서 한 달이나 쉬고 말았다.
　연습 기간보다 더 긴 공백 기간이 있은 후 다시 시작한다는 마음으로 임했는데, 연습한 것이 그대로 남아 있는지 놀랍게도 손이 알아서 움직여 주고 있었다. 짧은 기간 조금씩 한 연습이었지만 그 정도의 연습도 결코 헛되지 않았음을 발견하고는 작은 기쁨과 함께 엄숙함 같은 느낌마저 들었다.

지금 내가 무언가를 할 수 있다는 것은 그동안 그것을 조금씩 해 왔기 때문이고, 지금 무언가를 할 수 없다면 나와 상관이 없어 하지 않았든 하기 싫어 회피했든, 어찌 됐거나 내가 그것을 포기했기 때문일 것이다. 또한 지금 내가 무언가 꾸준히 하고 있는 것이 있다면 미래에 그것을 할 수 있을 것이고, 귀찮다고 어렵다고 '지금 와서 새삼!' 하며 포기한다면 미래에도 지금과 같이 살겠구나 하는 생각이 든 것이다.

예전에 들은 재미있는 이야기가 있다.
옛날에 한 왕이 훌륭한 왕이 되기 위해 신하에게 세상의 모든 지식을 요약해 오라 명했다. 그 신하는 오랜 시간 동안 많은 책을 읽으며 열심히 정리한 후 몇 권의 책으로 만들었다. 하지만 왕은 그것도 길다며 계속 더 짧게 고쳐 올 것을 주문했다. 그러자 신하가 마지막에 요약한 글이 바로 '세상에 공짜는 없다'이다.
아마도 이 글은 신하가 무수한 책 속에서 얻은 세상 지식의 요약이 아니라, 왕의 명령으로 어쩔 수 없이 오랜 시간 책만 읽어야 했지

만 그 기간이 자신에게 얼마나 큰 유익이었는지 몸으로 터득한 후, 스스로 가장 생생하게 익힌 지식을 왕에게 알려 준 것이 아니었을까? 또한 쉽고 편하게 지식을 습득하는 길은 없으니 왕에게 스스로 수고하며 얻으라는 뜻도 포함되어 있었을 테고.

『몬테크리스토 백작』을 늦은 나이에 읽게 되었다.

주인공 에드몽 당테스는 다시는 나올 수 없는 감옥에 억울한 누명을 쓰고 갇히게 된다. 그러나 그 절망의 상황 속에서도 로마 가톨릭 신부인 파리아를 만나 뛰어난 학식과 무술을 배우고, 몬테크리스토 섬의 보물에 대한 이야기를 듣게 된다. 그 후 파리아 신부가 병으로 죽자 그는 신부의 시신과 자신을 바꿔치기하여 탈옥에 성공하고, 몬테크리스토 섬의 보물을 손에 넣어서 자신을 그렇게 만든 사람들을 복수한다. 사실상 이 소설에서 감옥에 대한 내용이 차지하는 부분은 매우 짧고, 복수하는 내용이 대부분을 차지한다.

하지만 내가 이 작품에서 크게 깨달은 부분은 비록 짧은 분량이지만 미래가 보이지 않는 감옥에서도 미래를 준비했다는 것과 오히려 그 14년간의 험난한 세월이 그를 알차게 만들 수 있었던 꼭 필요한 과정이었다는 것이었다.

살면서 자기 의지와 상관없는 일들은 무수히 일어난다. 잠시 돌아가는 경우일 수도 있지만 때론 그 상태가 기약 없이 길어지면서 끝을 알 수 없을 때도 있다.

하지만 이런 원치 않은 상황이라 할지라도 그 상황에서 내가 수고한 것이 있다면 반드시 열매가 있음을, 그래서 세상에는 결코 공짜가 없음을 우리의 사소한 일상이 끊임없이 확인시켜 주고 있다.

29_ 큰 꿈을 품지 않은 자신이 초라하게 느껴지는 이들에게

지금
여기서

"작은 꿈은 아예 꾸지도 마라! 작은 꿈은 사람들의 피를 들끓게 하는 기적을 만들지 못하며, 따라서 실현되지도 못한다."

다니엘 버넘 Daniel Hudson Burnham이라는 도시건축가가 한 말이다.

나를 이끌어 주는 동력은 '작은 꿈'이라며 누군가에게 어줍지 않은 충고를 해준 지 얼마 지나지 않아 읽게 된 이 글은 나 자신에 대한 초라함과 함께 약간의 거부감을 갖게 했다.

우리는 종종 "큰 꿈을 품었더니 정말로 이루어졌다"는 성공한 사람들의 경험담을 감동과 부러움이 뒤섞인 채 경청하곤 한다. 그리고 정말로 이 세상은 그런 큰 꿈을 꾼 사람들에 의해 변화되고 발전되어 나 같은 평범한 사람들은 별 수고도 없이 그 혜택을 누리고 있는지도 모른다.

그렇다면 '작은 꿈' 따위는 자신의 소심함을 합리화시키는 핑계 같은 것이었나?

이솝 우화 중 『시골 아가씨와 우유통』 이야기가 있다.

우유를 팔러 장터에 가는 아가씨는 우유 항아리를 머리에 인 채 우유를 팔아 무엇을 할까 상상을 시작한다. '우유를 팔아 달걀을 사고, 달걀이 병아리가 돼서 병아리가 큰 닭이 되면, 그것을 팔아 염소

를 사야지. 염소는 아무거나 잘 먹으니 무럭무럭 자랄 것이고, 그러면 돼지를 사서 난 부자가 될 거야.'

아가씨의 상상은 꼬리에 꼬리를 물고 신나게 번져 갔다. '부자가 되면 예쁜 드레스를 사 입고 파티에 가야지. 많은 남자가 나한테 춤을 추자고 말을 걸어 올 거야. 그러면 난 새침하게 거절해야지.' 이런 생각을 하며 고개를 설레설레 흔들다 아가씨가 머리에 인 우유 항아리가 떨어져 그만 깨져 버렸다는 이야기이다.

우유 파는 아가씨의 꿈이 큰 꿈이라 할 수는 없겠고 그냥 좀 앞서 갔을 뿐이지만, 멀리 있는 희망 사항만 바라보다 현재 가장 충실해야 할 것을 놓친 것만은 틀림없다.

지금 여기에서 하고 있는 일이 내가 바라던 큰 꿈과 상관없어 보여 의문이 들지라도, 남과 비교했을 때 내놓기도 부끄러울 정도로 초라해 보일지라도, 남이 인정해 주지 않아 기운이 빠지더라도 이러한 것에도 수고와 땀방울을 기꺼이 지불할 수 있는 자만이 더 큰 것도 이룰 수 있음은 틀림없다.

지금 여기서 내가 해야 할 일을 바로 알고 그것이 큰 꿈과 상관없는 매우 작은 일일지라도 그 일에 대한 진심 어린 수고는 모두 가치價值 있음을 믿고 싶다.

30_ 누군가에게 완벽하게 나를 맡기고픈 이들에게

신뢰

얼마 전 지하철역에서 엄마를 놓친 아이를 본 적이 있다.

아이는 순식간에 얼굴이 하얗게 질리더니 "엄마~" 하며 울먹이기 시작했다. 얼마 안 있어 조금 떨어진 곳에서 "엄마 여기 있어!" 하는 목소리가 들리자 아이의 얼굴은 또 순식간에 밝게 바뀌었다. 1분도 채 되지 않는 시간이었는데 아이는 이산가족 상봉하는 표정으로 엄마에게 달려갔다. 여러 사람 사이에 파묻혀 엄마 목소리만 들릴 뿐 얼굴이 잘 보이지도 않는데 아이는 엄마 목소리만으로도 안심하며 금세 엄마 손을 찾아냈다.

가끔 대중교통을 탈 때 길에서 엄마 품에 안겨 편안히 잠을 자는 아기들을 보게 된다.

요즘은 그리 흔하게 볼 수 있는 모습은 아니지만 커다란 아기용 가방을 메고 한 손으로는 잠자는 아기를 안고 한 손으로는 이제 막 걷기 시작한 어린아이의 손을 잡은 아기 엄마들을 볼 때면 아무리 모성은 강하다지만 벅차 보인다.

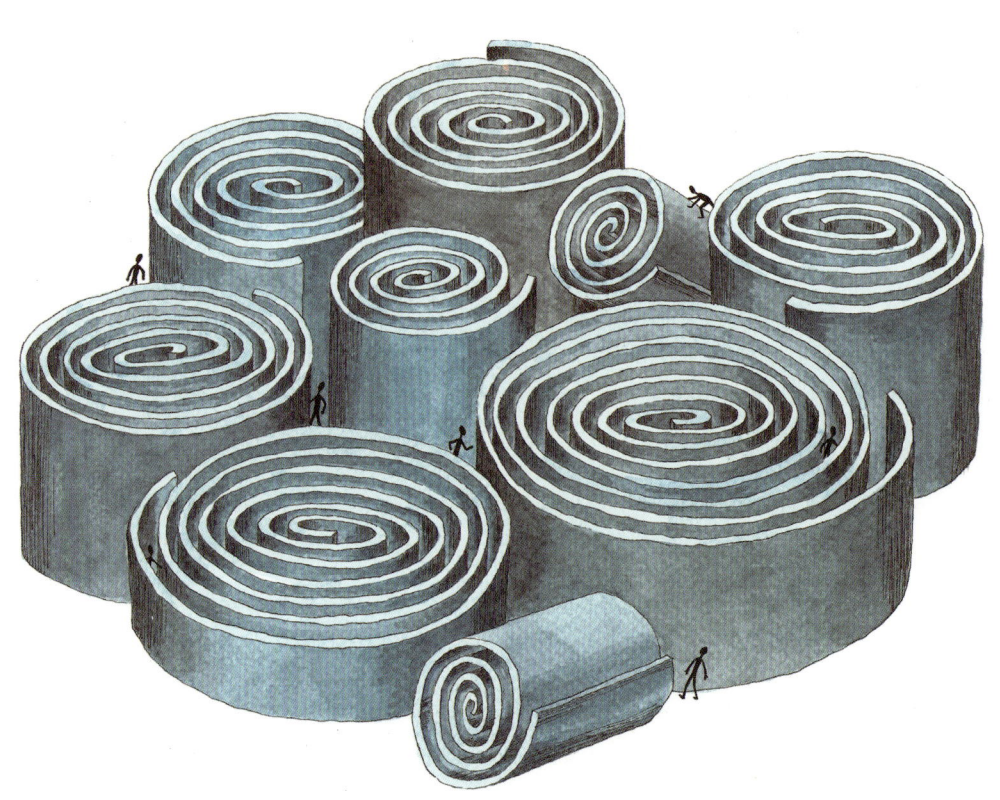

하지만 품 안의 아기는 아랑곳없이 축 늘어져 잘만 자고 어린아이는 자기도 안아 달라고 칭얼거리면서 엄마 손에 매달려 종종걸음으로 따라간다. 잠든 아이 고쳐 안느라 엄마가 잠시 손을 놓으면 옷자락이라도 잡고서야 만족한 표정을 짓는다.

저 아이들은 조그만 엄마 품이 세상의 복잡함과 상관없는 절대 안식처이고, 엄마 손만 잡고 있으면 세상 두려울 것이 없이 안전하다고 믿고 있을 것이다. 그럴 때면 엄마는 이렇게 자신만을 의지하는 아이들을 보며 더 큰 책임감이 솟아나고 없던 능력까지 생겨나게 된다.

그 모습을 보고 있자니 나도 누군가에게 내 모든 것을 저렇게 완벽하게 맡기고 싶기도 하고, 누군가 나를 저렇게 추호의 의심 없이 믿어 주면 좋겠다는 생각도 들었다.

"사람은 사랑받으면 자신감이 생기고 사랑하면 용기가 생긴다"는 말이 있다. 시끄러운 도심 안에서도 엄마 품에 축 늘어져 잠든 아기의 편안한 얼굴, 그리고 힘은 들어 보이지만 두 아이를 힘껏 잡은 엄마의 결연한 얼굴에서 이런 것들이 보이는 듯해서 부러운 듯 잠시 바라보게 되었다.

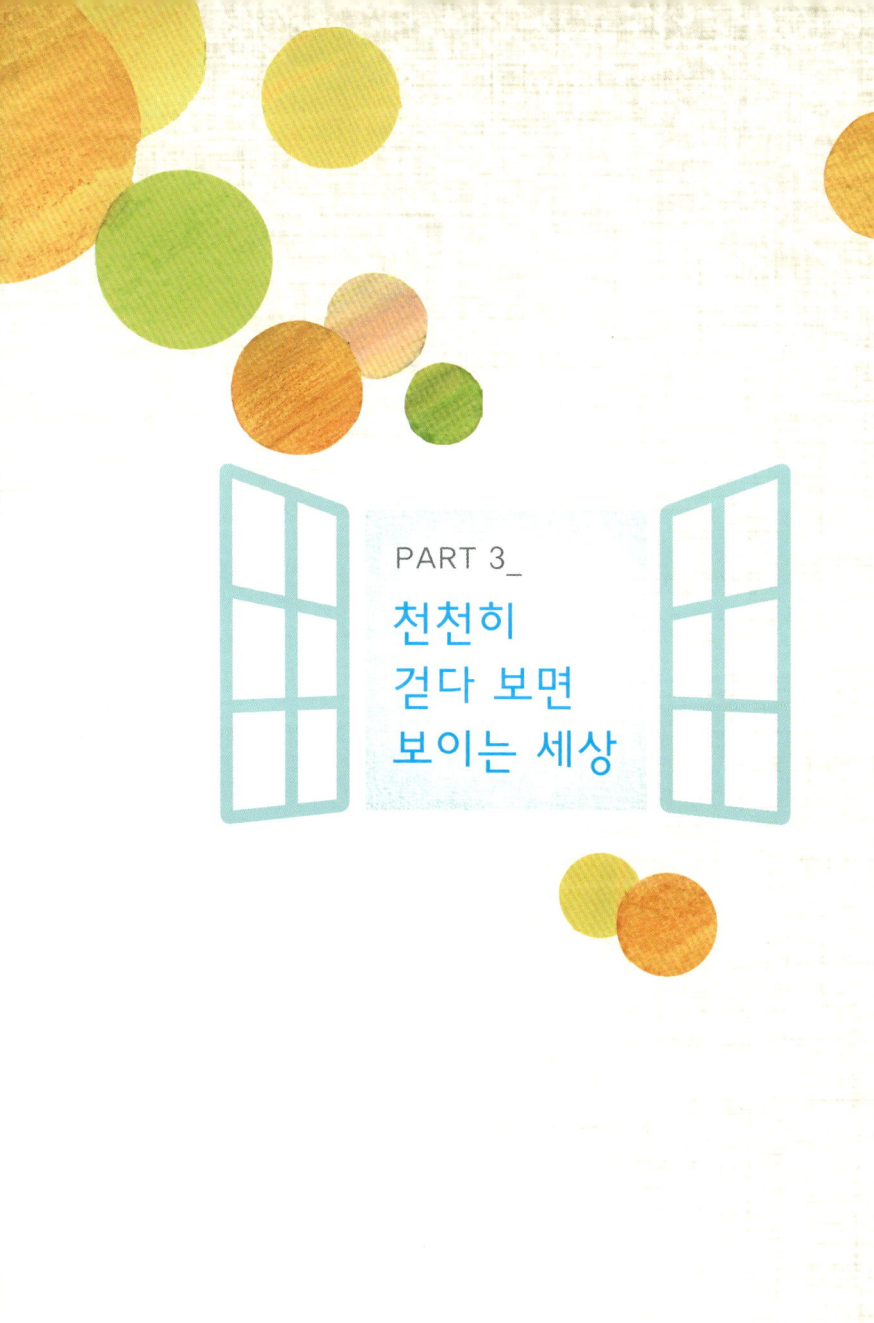

PART 3_ 천천히 걷다 보면 보이는 세상

31_ 강한 자가 살아남는다고 믿는 이들에게

진짜 힘

흑백 TV도 흔치 않던 시절, 가끔 TV에서 볼 수 있었던 영화들은 인생을 지배할 만큼 강한 인상을 남기곤 했다. 그중 매우 인상 깊었던 영화가 있었는데, 이스라엘 사람도 나오고 로마 군인도 나오는 것으로 봐서는 성경에 나오는 실화 같기도 하고, 그 감동적 내용으로 봐서는 그냥 멋지게 만들어 낸 이야기 같기도 한 영화였다.

영화의 내용은 대략 이랬다. 이스라엘 군과 일반 백성이 함께 있는 성에 로마 군이 공격해 오는데, 이스라엘 군은 수적으로는 매우 열세였지만 그 성은 적의 공격으로부터 매우 안전한 지형에 있었다. 여러 달 고생 끝에 겨우 성문 앞에 도달한 로마 군이 튼튼한 성문을 부수기 위해 여러 방법을 사용한다. 처음에는 문에 불을 지르지만 바람이 로마 군 쪽으로 불어 이 완벽한 방법은 실패하고, 이후 로마 군은 거대한 나무기둥으로 성문을 부수는 방법을 취해 보기로 했다.

이번에는 어쩔 수 없이 로마 군 손에 성문이 무너지겠구나 싶어

당황한 이스라엘 군에게 이스라엘 장군이 웃으면서 말했다.
"강한 것은 더 강한 것으로 이길 수 없다. 강한 것을 이길 수 있는 것은 부드러움이다."

그러더니 장군은 문과 문 사이에 공간을 만들어 모래를 넣도록 명했다. 결국 로마 군의 거대하고 강한 나무기둥은 모래가 들어차 부드러워진 문을 부수지 못했다.

그렇지만 이 영화는 이스라엘 군의 승리로 끝나는 해피엔딩이 아니었다. 결국 로마 군에게 성을 침략당한 이스라엘 사람들은 로마 군인의 칼에 맞아 죽음을 당하느니 차라리 스스로 죽음을 택하는 것으로 끝을 맺는다. 그리하여 힘과 숫자로 침략한 로마 군은 패배보다 못한 허탈한 승리를 맞게 될 뿐이었다.

나중에 알고 보니 내가 영화로 기억하고 있는 이 이야기는 미국에서 제작된 〈마사다〉라는 대작 TV 시리즈였는데, 이 이야기는 성경에 나오는 실화로 TV 속 배경이 이 그 유명한 '마사다 요새'였음을 알게 된 것은 아주 오랜 세월이 지나서였다.

어린 시절 본 TV 시리즈에서 "강함을 이기는 것은 더 강한 것이 아니라 부드러움이다"라는 말에 감동을 받은 후 마치 이 말을 진리인 것처럼 믿고 살았는데, 커가면서 이 진리가 참 많이도 깨지고 말았다.

우리는 종종 "그럴 땐 세게 나가야 해", "목소리 큰 사람이 이겨"라는 말을 하고, 슬프게도 대부분의 경우 이 말이 사실로 드러날 때가 많다. 순하면 바보 취급을 당하고 목소리 작은 이들은 밀려나기 십상이다. 마치 털을 빳빳이 세워 몸집을 키우거나 화려하게 만든 쪽이 이기는 동물의 세계와 별로 다를 바가 없다.

살벌한 경쟁의 현장인 사회는 물론 중고등학교 교실에서도, 이젠 어린 초등학교 교실에서도, 그리고 교회에서도 이런 현상이 일어남을 종종 보게 된다. 이 시대에서 부드러움이나 순함이란 단어는 더이상 경쟁력을 가질 수 없는 것일까?

하지만 나는 아직 그 어린 시절의 감동을 믿고 싶다.

강한 것을 이길 수 있는 것은 더 강한 것이 아니라 부드러움이란 것을. 부드러움이란 것이 약한 자의 어쩔 수 없는 선택이 아니라 강함을 무색하게 만들 수 있는 진짜 힘이라는 것을.

32_ 기능보다 외관에 충실하는 이들에게

황금비율보다
아름다운

    연을 만들 때 독수리 모습이 많이 사용된다.

    아마도 독수리가 높이, 멋지게, 그리고 때로는 싸워서 이길 만한 강함까지 갖춰야 하는 연의 특성을 가장 잘 드러내기 때문일 것이다.

    하지만 어릴 적 독수리는 토끼도 잡아먹고, 동네 강아지도 사냥하고, 심지어 어린아이까지 낚아챈다는 무시무시한 말을 들어서인지 독수리에 대해 내가 갖는 이미지는 '강하고 멋지다'보다는 '무섭고 나쁘다'라는 쪽에 가까웠다.

    최근 독수리가 두 날개를 활짝 펴고 하늘 높이 날아오르는 사진을 봤다. 그건 내가 그동안 상상해 왔던 독수리의 모습이 아니었다. 몸 전체가 마치 날개만으로 구성된 듯 날개를 제외한 나머지 부분은 극히 작았다.

　하늘의 제왕이면서 육지의 동물까지 벌벌 떨게 하는 독수리도 먹잇감 사냥을 하는 데 있어 가장 중요한 날개는 최대화하고 그 외의 것들은 최소화하는구나!

    그의 사냥도 그저 쉬운 것만은 아니었음을 깨닫게 되면서 몇십 년 동안 갖고 있었던 독수리에 대한 이미지가 경외감으로 바뀌는 순간이었다.

    비행기는 사고가 나면 대단히 치명적이기 때문에 외관의 아름다움은 일단 제쳐 두고 오로지 기능과 안전을 고려해서 설계한다고 한다. 그렇게 철저히 역할에만 충실하게 설계한 결과, 기능은 물론 외관까지 이보다 더 이상 멋질 수 없을 만큼 완벽한 디자인이 나올 수 있었다는 것이다.

    마치 날개를 활짝 펼친 독수리가 황금비율과 전혀 상관없어도 숨 막힐 듯한 강인함과 함께 아름다움까지 지닌 것처럼.

    진짜 충실해야 할 것에 충실한 모습은 언제나 아름답다.

33_ 비굴이 아닌 겸손을, 교만이 아닌 자신감을 배우고픈 이들에게

공주와 완두콩

우리가 상상하는 '공주'는 모두 예쁘다. 게다가 착하고 똑똑하기까지 하다. 어린 시절 부모님을 따라 결혼식장에 몇 번 다녀온 후 예쁜 여자만 결혼하는 줄 알았던 것처럼, 못생기고 마음씨 나쁜 공주란 있을 수 없다고 아이들은 확신하기 마련이다.

어린 시절 읽었던 동화 중 『공주와 완두콩』이 있었다.

길 잃은 공주가 밤길을 헤매다 겨우 한 집을 발견했는데, 자신이 공주임을 밝히고 하룻밤 재워 달라고 부탁하자 집주인은 공주를 의심하기는 했지만 재워 주기로 했다. 집주인은 침대에 콩 한 알을 올려놓고 그 위에 스무 장의 담요를 쌓아올린 후 공주를 그 위에서 자도록 했다. 아침에 일어난 공주는 집주인에게 "재워 주셔서 고맙긴 하지만 잠자리가 불편해서 자기 힘들었습니다"고 말했다. 이 말을 들은 집주인은 그제야 그녀가 공주임을 확신하고 경의를 표했다는 참 이해할 수 없는 줄거리의 동화였다.

PART 3_
천천히 걷다 보면
보이는 세상

예쁘고 착하고 똑똑한 공주가 이젠 초능력까지 갖춘 것일까? 그 동화책에 그려진 흑백의 빈약한 삽화 하나가 또렷이 머릿속에 그려지는 이 짧은 동화가 몇십 년이 지난 지금도 종종 기억이 나는 것은 아마 아직도 해석이 되지 않는 답답함 때문인 듯싶다.

어른이 되면서 이런저런 사람들과 만나고 부딪치다 보니 남에게 편안함과 기쁨의 에너지를 주는 사람도 있지만, 반대의 경우도 만나게 된다.
편안함과 기쁨을 주는 사람은 자신의 정체성을 확실히 알고 자신이 귀한 존재라 믿고 있다. 이런 자들에게서는 비굴이 아닌 겸손이, 교만이 아닌 기분 좋은 자신감이 전해져 온다.
이 공주도 자신의 정체성이 확실했기에 하룻밤 재워 준 주인에게 잠자리가 불편했다고 당당하게, 하지만 감사의 마음도 충분히 담아 아침 인사를 했던 것일까?
그래서 누런 갱지에 흑백의 빈약한 삽화 하나가 그려진 동화책 정도만이 주어졌던 그 시절 어린이들에게 너희도 공주같이 귀한 존재이니 당당한 자신감과 감사할 줄 아는 마음도 가지라는 뜻을 담고 있는 것일까?
이렇게 이해하는 선으로, 몇십 년 동안 개운치 않았던 이 동화의 해석에서 벗어나 지금에라도 확실한 공주에 도전해 봐야겠다.

PART 3_
천천히 걷다 보면
보이는 세상

34_ 변화를 원하는 이들에게

변화를 원하는
진짜 이유

 음악가 모차르트Wolfgang Amadeus Mozart 이름 앞에는 항상 신동이니 천재니 하는 수식어가 따라다닌다. 클래식은 대중이 쉽게 친해지기 어려운 장르지만 〈반짝반짝 작은 별〉을 비롯해 우리 생활 가까이에서 모차르트의 음악만큼 많이 접하는 고전은 아마 없을 듯싶다. 그만큼 그의 멜로디는 아름답고 누구에게나 쉽게 와 닿는다고 할 수 있을 것이다.

 그러나 이런 모차르트의 음악도 그가 살던 시대에는 음악을 모독하는 파격적 변화였나 보다. 모차르트의 삶을 그린 영화 〈아마데우스〉에는 살리에르Antonio Salieri라는 인물이 등장하는데, 모차르트에 비해서는 많이 낯선 이름이지만 그는 당대 최고의 궁정 음악가였다. 그는 모차르트의 음악이 이상하다고 비웃고 천박하다고 외면하는

귀족들 사이에서 이 천재의 음악을 불행히도 알아듣는다. 하지만 자신의 지위를 이용해 천재를 키워 주는 것이 아니라 그 천재성을 시기해 결국 모차르트를 죽음에 이르게 한다.

 『걸리버 여행기』로 유명한 조나단 스위프트 Jonathan Swift는 진정한 천재를 알 수 있는 방법으로 "그가 세상에 나섰을 때 얼간이들이 똘똘 뭉쳐 그에게 대항한다면 천재가 틀림없다"라고 독설을 설파하기도 했는데, 모차르트가 살던 시대에도 앞서 가는 천재의 음악을 이해하지 못하는 다수와 그 천재성을 시기한 기득권자가 그를 거부해 버렸던 것이다.

 새로운 변화에 불편한 반응을 보이는 현상은 다양성을 최대의 가치처럼 존중하는 듯한 21세기를 사는 우리에게도 마찬가지가 아닐까 싶다.

국가를 비롯해 조그마한 단체에 이르기까지 답보 상태가 지속될 때 우리 모두는 변화를 부르짖는다. 하지만 정작 변화의 바람이 불어올 때면 변화를 거부하고 부정하는 목소리 또한 잇따라 들려오게 된다. 이럴 때 살리에르와 같은 전문가 층이거나 지위가 높은 사람들일수록 그런 목소리는 더욱 커지곤 한다.

혹시 살리에르처럼 변화의 주체를 시기해서일까? 그래서 이 변화가 자신에게 무엇을 가져올지를 먼저 계산하기 때문은 아닐까?

많은 사람이 변화를 바라기는 하지만 주도적인 역할은 피하고 그 혜택은 누리고 싶은 마음에 그저 멀리서 바라만 보기 일쑤다.

'변화'가 다 옳을 수는 없겠지만 지금 내가 진짜 무엇을 원하고 있는지에 대해 자신에게만은 솔직하게 답해야 할 것이다. '본질적으로 진정한 변화'인지, '변화로 인한 나의 유익'인지를 말이다.

35_ 나만 모르는 내 모습이 걱정되는 이들에게

부끄러움

으스스한 퀴즈 하나!

어떤 사람이 엄마가 주신 한약 한 사발을 마신 뒤 급하게 집을 나와서 지하철을 탔다. 그런데 지하철 유리창에 자신과 똑같이 생긴 사람이 자신을 보며 씨익 웃고 있었다. 과연 어떻게 된 일일까?

왠지 오싹한 이 문제의 답은 일단 뒤로 미뤄 두고, 나 역시 이와 비슷한 경험을 한 적이 있다.

하루 종일 이곳저곳을 돌아다닌 후 늦게 귀가한 어느 날, 엘리베이터에서 거울 속의 내 얼굴을 보고 깜짝 놀라고 말았다. 입술 양옆으로 마치 스마일 마크처럼 둥근 모양의 선이 그려져 있는 것이 아닌가! 알고 보니 낮에 마신 진한 포도 원액 주스가 컵 가장자리의 둥근 선을 따라 내 얼굴에 자줏빛 반원을 만들어 놓은 것이었다.

    이런 모습으로 하루 종일 거리를 자신 있게 돌아다닌 것을 생각하니 혼자 있는 엘리베이터 공간이지만 부끄러움에 얼굴이 빨개지고 말았다. 이제는 위의 납량 특집 퀴즈의 정답도 모두 짐작했을 테고.

    우리는 종종 세상 사람들이 다 아는 나의 부끄러운 모습을 나만 모르는 경우가 있다. 안타깝게도 위와 같이 사소한 경우가 아닌, 중요하고 심각한 경우에 더더욱 그렇다. 이런 경우는 주위 사람들도 함께 모르고 있거나, 혹은 그들은 알고 있지만 여러 이유로 함구해 버렸는지도 모른다. 아니면 마치 안데르센Hans Christian Andersen 동화 속 『벌거벗은 임금님』처럼 상상 속 멋진 내 모습에 취해 주변의 말이 들리지 않는 것이든지.

    자신이 원하는 자신의 모습에만 몰두하다가 실제로 그 모습이 진

짜 자신이라고 믿는 증상을 '리플리 증후군$^{Ripley\ Syndrome}$'이라고 한다는데, 이 제목의 드라마가 몇 년 전 방영된 적이 있었다. 리플리 증후군 증상이 있는 예쁜 여주인공의 이상한 행동들이 마지막에는 다 용서되고 드라마는 해피엔딩으로 마무리된다. 이것을 보며 요즘은 어느 정도 이런 증상이 있어야 버틸 수 있거나 경증 정도라면 용서되는 시대가 아닌가 하는 생각이 들었다.

  진짜 자신이라고 믿어 왔던 나의 모습이 실은 '벌거벗은 임금님' 같은 허상이었고, 사람들은 여태껏 나의 부끄러운 모습을 지켜봐 온 것인지도 모른다.
  부끄러움을 느낀다는 것은 곧 나의 '진실된 모습'을 볼 수 있다는 것이니, 부끄러움이란 '남이 보는 나'와 '내가 원하는 나'를 일치시키려는 자만이 가질 수 있는 건강한 성품이 아닐까.

No. 2

요즘 건널목에 있는 신호등은 대부분 남은 시간을 알려 주는 표시가 있어 편리하다.

역삼각형 모양이 하나씩 사라지기도 하고 몇 초 남았는지 숫자로 카운트다운해 주는 것도 있다.

시간이 얼마 남지 않아 도저히 건너가기 불가능할 경우에는 당연히 다음 신호를 기다려야겠지만, 뛰어서 가능하다 싶으면 대부분의 사람은 뛰어서 건넌다.

그런데 재미있는 사실은 뒤늦게 건너는 사람들이 처음부터 건너기 시작한 무리보다 대부분 더 빨리 건너편에 도착한다는 것이다. 시간이 촉박하니 처음부터 힘껏 뛰어 끝까지 달렸기 때문이다.

광고계에서 전설처럼 여겨지는 광고가 있다.

1952년 창업한 '에이비스Avis'라는 미국 렌터카 회사의 광고이다. 아무리 해도 부동의 1위 업체인 '헤르츠Hertz'를 도저히 따라잡을 수 없었던 이 회사는 'Avis is only No.2. Therefore we try harder'라는 소위 'No.2 캠페인' 광고를 한 것이다.

부족함을 솔직히 인정하고 노력할 것을 강조한 이 광고를 내보낸 후 고객의 호감도와 함께 종업원들의 사기가 올라 근무 태도도 바뀌게 되었고, 결국 13년간 적자이던 회사가 두 달 만에 흑자로 돌아서게 되는 놀라운 일이 일어났다.

이후 'So we try harder'는 에이비스를 설명하는 고유명사가 되었고 이는 희대의 명카피가 되었다.

'우리 회사제품가 최고다'라는 일반적 광고에 비하면 이 광고는 지금으로부터 60~70년 전 당시는 물론이거니와 지금까지 신선하면서도 강렬한 자극을 준다.

그래서 부족함은 마이너스가 아닌 플러스임을 믿는다.

37_ 출발선상에 서있는 이들에게

반전

요즘 엘리베이터는 참 똑똑하다. 여러 대 중 어느 것이 가장 빨리 도착할 것인지 굳이 사람이 판단하지 않아도 된다. 하나의 단추만 누르면 모든 엘리베이터가 작동하고 그중 가장 빠른_{혹은 가장 경제적인} 엘리베이터가 도착한다.

기다리는 사람들은 층수가 바뀌는 전광판을 바라보며 빨리 올 것 같은 엘리베이터 쪽으로 옮겨 서곤 하는데 예상이 어긋나는 경우도 꽤 많다. 이쪽에서 기다리다 저쪽으로 옮겨 갔는데 오히려 처음 서 있었던 곳의 엘리베이터가 먼저 오기도 한다. 운 좋게 전혀 기다리지 않고 탔다고 해서 반드시 빨리 가는 것도 아니다. 사람이 많아 층층이 서는 경우가 생기면 오히려 기다렸다가 타는 경우보다 못할 때도 있다.

PART 3_
천천히 걷다 보면
보이는 세상

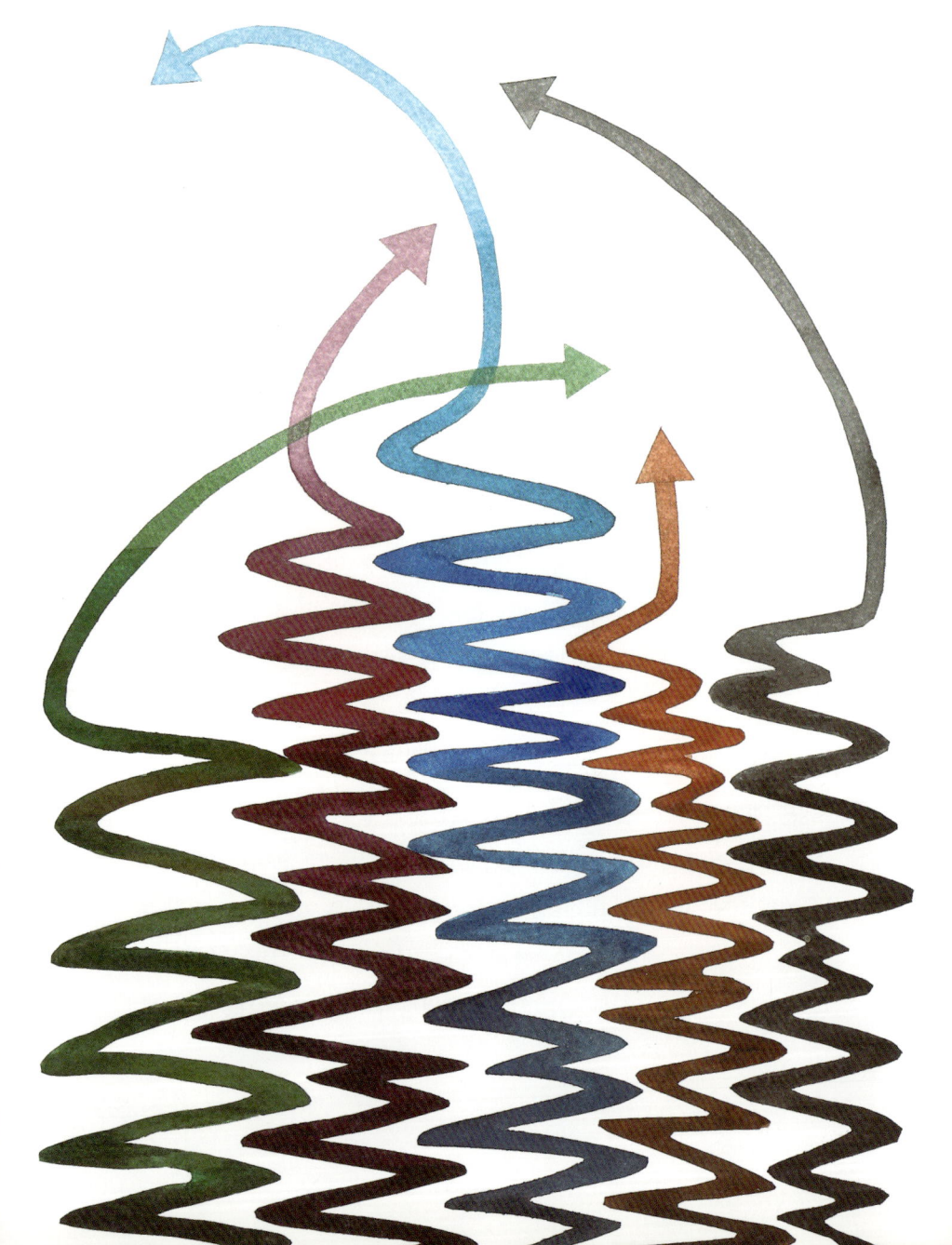

물론 이런 반전이나 역전이 늘 일어나는 것은 아니지만, 확실한 것은 상황이 어떻게 변할지 처음에는 전혀 알 수가 없다는 것이다.

    살다 보면 그저 지루하게 기다리기만 하는 답답한 상황이 계속되는 경우도 있고, 첫 시작부터 쑥쑥 잘 풀려 많은 이의 부러운 시선을 받으며 달리기하듯 빨리 나갈 수도 있다.
    먼저 출발했다고 해서 먼저 도착하지 않는다는 것을 주위에서 종종 봤음에도 불구하고, 지루한 기다림 앞에서는 불평하거나 더 나은 듯 보이는 쪽으로 수시로 이동하기도 한다.
    반대로 거침없이 조금만 잘나가도 금방 우쭐해지는 마음을 감추기 힘들다. 몇 차례 시행착오를 겪거나, 안 좋은 일 앞에서는 금세 낙심되고, 좋은 일 앞에서는 영원히 잘될 것 같은 착각에 빠지기도 한다.

    매일매일 마주치면서 매번 예상하지 못한 상황을 만들어 주는 이 엘리베이터는 나에게 당장 좋다고 계속 좋은 것이 아니고, 당장 나쁘다고 끝까지 나쁜 것만도 아니라고 매일매일 확인시켜 준다.

PART 3_
천천히 걷다 보면
보이는 세상

무관심일까?
소심일까?

정류장에 앉아 버스를 기다리는데, 내 앞에서 등을 보이고 서있는 아주머니의 손에 들린 작은 지갑이 조금 열려 있는 것이 보였다. 접힌 지폐도 조금 삐져나와 있어 혹시나 버스 타느라 급하게 뛰어가다간 지폐가 떨어질 모양새다. 아니, 걸어오면서 이미 얼마의 돈이 떨어졌을 수도 있겠다 싶었다.

처음 본 순간에는 '말해 줘야지' 하다가 순간 멈칫했다. 터프하게 야구 모자를 쓰고 씩씩하게 생긴 뒷모습에 소심한 내가 갑자기 움츠러드는 것이다.

'혹시 나를 이상하게 생각하지는 않을까?', '괜히 얘기했다가 오히려 다른 사람들까지 나를 오해하는 거 아니야?' 이런저런 고민을 하며 머뭇거리는 사이 다행히 내가 타야 할 버스가 도착해 그 자리를 뜨고 말았다. 버스에 타고 나서는 '난 어쩔 수 없었어' 하며 스스로를 위로했다.

    대중교통이나 공공장소에서 처음 마주친 사이면서도 편하게 말을 잘하는 사람들이 있다. 상대방이 귀찮아하는 줄도 모르고 쓸데없이 말을 걸어오는 소위 주책맞은'주책 없는'이 정확한 표현이지만, 일반적으로 말할 때 사람들도 있고, 이 참견 저 참견 다 해대는 오지랖 넓은 사람들도 있다.
    나는 그들을 때론 불편한 눈으로 바라보기도 했지만, 그들이라면 이런 상황에서 틀림없이 그 아주머니에게 지갑이 열렸다고 말해 주었을 거라는 생각이 들었다.

    장애아를 두신 한 어머니에게 들은 이야기인데, 대중교통을 이용할 때마다 쳐다보는 시선이 참 힘들었고 게다가 쓸데없는 말까지 걸어오는 사람들은 더욱 불편했단다. 하지만 곰곰 생각해 보니 만약 아이를 잃어버렸을 때 찾아줄 사람들은 바로 그런 사람들이라는 것을 깨닫게 되었다고 했다.

    과한 참견으로 상대방을 조금은 불편하게 하고 다소 예의에 어긋난 행동을 하는 이들의 마음 안에는 소심함을 핑계로 고상한 척 말없이 앉아 있는 나 같은 사람보다 '아픔에 대한 이해'가 더 크게 자리했을 수도 있다는 생각이 든다.

    소심한 성격이라고 핑계 대며 진짜 해야 할 말도 하지 못한 채 입을 꾹 다물고 있다는 것은 '아픔에 대한 무관심'이나 그저 '나 편하자'는 이기심의 소극적 모습은 아닐까?

    막상 내가 아플 때, 도와주지는 않고 주위에서 쭈뼛쭈뼛 멈칫거리는 이들을 향해 나는 그들이 소심하다 말할까, 나에 대해 무관심하다 말할까.

정성으로 빚은 명작

"그림은 정성이다."

이 말은 내가 그림을 시작하는 아이들에게 많이 들려주는 말이다. 대충 그리고, 대충 색칠하고 마는 정성이 부족한 아이들에게 들려준 말이 아니라 백지를 앞에 두고 아무런 표현도 하지 못해 망설이는 용기가 부족한 아이들에게 반복해 들려주는 말이다.

다른 사람을 의식하지 말고 자신의 생각을 마음껏 표현하되, 되도록 풍성하게 표현하고 정성껏 색을 입혀 나가다 보면 그 그림은 당연히 멋진 그림이 된다고 자신 있게 말해 주곤 한다.

2006년, 한참 더 활동할 수 있는 나이에 돌아가신 유명 화가가 있다. 그는 "그림 그리는 작업은 육체노동이다"라고 말했다. 그렇다고 그의 작품이 점묘파 화가처럼 큰 캔버스를 점으로 채운 것도 아니고

  사실주의 화가처럼 머리카락 한 올까지 실제와 똑같이 표현하느라 많은 시간과 에너지가 필요했던 것도 아니다.

  그의 그림은 오히려 아이들 그림같이 단순하고 선은 매우 생략되어 있다. 화가가 한동안 팔을 들 수 없어 컴퓨터를 이용해 그렸는데 개중에는 한 10분이면 완성되었을 것 같은 그림도 있다.

  하지만 진짜 10분이 걸렸다 하더라도 그의 작품을 보고 과연 10분 만에 완성한 작품이라고 말할 수 있을까? 화가가 그 작품을 60세에 그렸다면, 그 10분에 60년이라는 세월이 더해졌다고 보는 것이 맞을 것이다.

  시간이 지날수록, 나이를 한 살씩 먹어 갈수록 별 이룬 것도 없이 정체된 시간을 보내는 이들도 있을 것이고, 시간의 흐름도 잊은 채 헉헉거리며 숨 가쁘게 살아오느라 한 해의 마무리와 시작이 오히려

부담스러운 이들도 있을 것이다.

하지만 그림을 표현해 내는 데 용기가 부족했던 아이들에게 들려주었던 말처럼 삶이라는 그림도 특별한 아이디어로 표현하지 못했을지라도, 대단치 않은 것들이지만 꾸준히 차곡차곡 채워 왔다면 꽤 괜찮은 그림으로 만들어지는 과정일 게다.

천재 화가의 작품이 평범한 사람의 머리에서는 나올 수 없는 그만의 천재적인 아이디어에서 나왔다기보다는 오랜 세월의 번민과 육체적 수고가 있기에 탄생할 수 있었던 것처럼 말이다.

우리 또한 아파하며 수고한 모든 삶의 과정이 남들은 똑같이 만들어 낼 수 없는 귀한 물감이 되어, 시간이 흐르면서 세상에 둘도 없는 멋진 색으로 빈틈없이 채워진 명작을 만들어 낼 수 있을 것이다.

다만 그 어떤 순간에도 온 힘을 다했다는 '정성精誠'만 있다면.

PART 3_
천천히 걷다 보면
보이는 세상

40_ '영원불변'을 믿지 않는 이들에게

인정하기

한 초등학생이 가장 좋아하는 노래가 무엇인지 내게 물어 왔다.

참 난감한 질문이다. 옛날 노래를 말하면 아이가 알지 못할 것은 물론이고, 어떻게 그런 구식 노래를 좋아할 수 있느냐고 핀잔을 줄지도 모른다. 초등학생은 무서우니까.

그리고 이런 질문을 하는 의도는 대부분 자기가 요즘 매우 좋아하는 노래가 있으니 자신의 말 좀 들어달라는 뜻에서인 경우가 많아서 아이가 좋아할 만한 대답을 찾기 위해 열심히 머리를 굴려 최신 곡을 생각해 보았다.

그런데 의외로 아이는 나도 가물가물한 예전 곡을 자신이 가장 좋아하는 노래라며 떡하니 말하는 것이었다. 그 노래는 최근 TV 프로그램에 나온 뒤 다시 유행이 되는 모양이었다.

내내 최신 곡만을 생각하던 나는 "참 아름다운 곡을 좋아하는구나!" 하고 아이의 의견을 존중하며 동조해 주지는 못할망정 "아마

너도 조금 지나면 다른 노래를 좋아하게 될 거야" 하고 김이 팍 새는 소리를 하고 말았다.

  그 노래의 감동에 흠뻑 빠져 있던 아이는 그런 명곡을 이해 못 하는 것에 대한 속상함과 자신은 결코 변치 않을 자신이 있는데 그런 마음을 몰라주는 억울함이 뒤섞여 내게 울먹이며 반박했다. 자신은 결코 변치 않을 것이고, 죽을 때까지 이 곡을 자기 생애 가장 좋아하는 곡으로 삼을 것이라고.

  나는 당황한 나머지 "요즘 애들처럼 빠른 댄스곡을 안 좋아하고 그렇게 예쁜 멜로디에 서정적인 가사의 노래를 좋아하는 것을 보니, 너는 참 아름다운 마음씨를 지녔구나!" 등의 위로와 감탄의 말을 필요 이상으로 늘어놓았지만 분위기는 이미 싸늘해진 뒤였다.

  감동에 벅찬 아이의 말에 어른이 이처럼 찬물을 끼얹고 마는 것은 아마 감동도 시간이 지나면 사라지고, 각오도 세월이 흐르면 잊히고, 추구하고자 했던 목표도 흐릿해지는 경험을 너무 많이 했기 때문일 것이다.

그래서 자기 자신에게 실망했던 아픈 기억이라는 날카로움으로, 이제 막 여러 가지 감동과 각오로 희망에 부푼 아이의 풍선 같은 마음을 터뜨려 버렸는지 모른다.

쉽게 감동하고 작은 것에 크게 웃으며 새롭게 결심하는 것에 두려워하지 않는 아이의 모습을 한편으론 부러워하면서 말이다.

'내 마음이 내 의지로 영원불변할 수 있다'는 말은 아이들에게는 미안한 일이지만 대다수 사람의 경험이 증명하듯 '매우 어려운 일'이다.

그것은 '내가 마음먹으면 할 수 있다!'고 자신할 때는 결코 할 수 없고, '내 의지로 내 결심을 결코 지킬 수 없다'를 인정하고 고개 숙일 때부터 가능한 것이니까.

노래의 호불호 好不好를 가지고 영원불변을 약속할 필요는 없지만, 진짜 가치 있는 것에 대해 영원불변을 지키기 위해서 우리가 해야 할 것은 두 주먹 불끈 쥐고 하늘을 향해 약속하는 것이 아닌 두 손도, 고개도 모두 힘을 빼고 나의 나약함을 인정하는 것일 게다.

41_ 일이 계획대로 되지 않아 힘들어하는 당신에게

기다림

덥고 눅눅한 늦여름 밤, 사람 많은 지하철 환승역에서 열차를 기다리고 있을 때였다.

집에 들어가 오늘 안에 끝내야 할 그림이 있는데 이미 열차 한 대는 사람이 너무 많아 탈 엄두도 못 낸 채 보내고, 한여름 더위보다도 더한 열기가 머리 위로 폭폭 솟구쳐 마치 만화 속 그림처럼 곧 폭발해 버릴 것만 같았다.

그때 지하철역 넓은 벽에 걸린 책 광고가 눈에 띄었다. 책표지가 광고판 가득 크게 확대되어 있는데, 내겐 책 제목보다 표지 그림이 눈에 들어왔다. 마치 완성하는 데 한 시간도 채 안 걸린 듯 거침없이 쓱쓱 그린 그림이었다.

그 그림에 마음이 빼앗겨 물끄러미 바라보다가 갑자기 조금 억울한 생각이 들었다. 누구는 책표지로 쓸 그림도 단 몇십 분 만에 그려내는데 나는 왜 몇 날을 고민하고 정성을 들여도 자신 있게 드러낼

만한 그림을 그려 내지 못할까.

　잠시나마 무더위를 잊게 해준 작품이 다시금 나에게 또 다른 더위를 몰고 왔다.

　하지만 돌이켜 생각해 보면 작가가 저 그림을 완성하기까지 단 몇십 분 걸렸다 할지라도, 저런 작품이 나올 수 있기까지는 몇십 년의 세월이 걸렸을 것임에는 틀림없었다.

　그림이라는 기술을 익히는 데 몇 년, 혹은 몇십 년의 시간이 필요했을 것이고, 그것을 자신의 것으로 다듬는 데 또 그만큼의 시간이 들었을 것이며, 그 사이 어쩌면 전혀 발전이 없는 것 같아 그저 시간만 흘려보내는 듯한 절망의 세월도 있었을지 모른다.

　익히고 소화시키는 시간뿐 아니라 절망의 아픔까지 합쳐져 작가의 삶에서 무르익는 인고의 세월이 있어야 가능한 '몇십 년짜리' 작품일지 모른다. 무더운 여름밤 더위와 자신의 무능을 탓하며 붓을 팽개친 경험도 저 작품에는 녹아 있을지 모른다.

　생각이 여기까지 미치자 만원 지하철을 한 대 보내고 다음 지하철을 기다리는 덥고 손해 보는 듯한 이 시간이 갑자기 의미가 생긴다.

'지금 지하철을 기다리고 있는 이 지루한 시간이 절대 무의미한 것이 아니라 훗날의 작품을 위해 꼭 필요한 순간이 될 수도 있어.'

내 계획대로 되지 않아 허무하게 흐른 것만 같은 시간도, 늦은 시간 피곤함도, 건들면 톡하고 터질 것만 같은 성난 사람들과의 부딪침도 언젠가는 내가 그릴 그림의 선과 색에 녹아 들어갈 것이라는 생각을 하니 이 모든 상황이 호기심으로 바뀐다.

그러고 나니 한 무리의 사람들이 만원 지하철에서 빠져나왔다고 즐거워하고, 또 한 무리의 사람들이 탈 공간이 생겼다고 기뻐하는 모습도 보인다.

짜증 나고 화난 얼굴만이 아니라 여기에서도 작은 것에 기쁨을 찾아내 웃는 얼굴들이 있구나!

잠도 못 이룬다는 한여름의 열대야, 무더위와 함께 치열한 귀가 전쟁까지 벌여야 하는 군중 사이에서 나도 그들 가운데 한 사람임이 오히려 감사함으로 다가온다.

42_ 자신의 절제력을 믿고 있는 이들에게

경고음

손오공 이마에는 멋진 머리띠가 있다.

보기에는 멋져 보이지만 손오공 스스로 선택한 것은 아니다. 삼장법사를 잘 모시지 않으면 손오공의 머리를 사정없이 조이는 이 머리띠가 도술의 달인인 손오공이 연약한 삼장법사에게 꼼짝 못 하는 이유다.

현대인들이 많이 겪는 질병 중 하나가 두통일 것이다.

외관상 잘 드러나지 않는 이 꾀병 같은 통증은 그 무엇도 제대로 할 수 없게 만드는 고약한 놈이다. 스트레스가 원인인 경우가 가장 많겠고, 그 외에도 다양한 원인이 있겠지만 나의 경우에는 늦잠을 자거나 낮잠을 자면 두통이 온다. 그것도 매우 억울하게도 해가 중천에 뜰 때까지 자는 늦잠도 아니고, 지난밤 너무 늦게 잠들어서 어쩔 수 없이 늦잠을 잔 경우까지도 어김없이 두통이 오곤 한다.

그렇다고 아주 부지런한 사람들처럼 새벽부터 일어나 활동하는

것은 아니지만, 이 두통 때문에 대부분의 사람이 일어나 분주히 움직이는 시간에는 도저히 누워 있을 수 없는 생체구조가 되어 버렸다. 이 무슨 손오공 머리띠 같은 압박인지!

 우리는 누구나 '내 마음대로 혹은 내 몸대로' 하고픈 경향이 있다.
 '내 마음대로' 하되 적정선까지만 하고 그 이상은 절제할 수 있을 것 같은 자신이 있다.
 주위에서 절제하지 못하고 무너졌다는 사람들의 경험담을 들어본 적도 있지만, 설사 절제하지 못해 쓰러진 사람을 직접 눈으로 보았다 할지라도 자신만은 그렇지 않을 것 같은 막연한 자신감을 갖고 있다. 그때는 누구의 충고도 들리지 않고 오히려 자신의 가능성을 꺾는 것 같아 섭섭할 수도 있다.

 이럴 때 자명종 소리처럼 "더 이상은 안 돼!" 하는 시끄러운 경고

음을 들려주거나 손오공 머리띠처럼 "너 그러면 옳지 않아!" 하며 제어해 주는 장치가 있었으면 참 괜찮겠다는 생각을 해본다.

하지만 어찌 보면 우리가 절제하지 못하고 지나치게 행동할 때 이미 우리를 향해 주위에서 여러 형태로 '이제 그만 No more!'이라는 경고를 보내 주는 무수한 사인 sign들이 있을지도 모른다.

다만 우리 눈이 어둡고 귀가 어둡고 마음이 굳어져 안 보이고 안 들리고 무시하고 있는 상태일 수도.

정말 싫은 두통이지만, 가만히 놔두면 한없이 게으를 수밖에 없는 나에게 해가 떠있는 시간만큼이라도 부지런하라는 손오공의 머리띠 같은 경고장치 같아서 이 통증을 감사함으로 받아들이곤 한다.

정도 正道

누나가 피아노 연주하는 것을 늘 부러워하던 한 어린 친구를 알고 있다. 그 아이의 손은 작고 아직 누나가 치는 어려운 곡을 치기에는 많이 부족했지만 얼마나 치고 싶었던지 혼자 반복하며 연습하더니 나름 비슷하게 칠 수 있게 되었다.

하지만 그 아이의 피아노 치는 손 모양은 예쁘지도 않았고 작은 손으로 무리하게 연주하다 보니 깨끗한 음도 낼 수가 없었다. 안타까운 마음에 천천히 또박또박, 쉬운 것부터 차근차근 연습해야 한다고 말해 줘도 누나가 치는 멋진 곡을 자기도 칠 수 있다는 만족에 이런 충고가 들리지 않는 듯했다. 이 상태로 굳어지면 나중에 고치기는 더욱 어려워지는데 말이다.

요즘은 한글을 모르는 채 초등학교에 입학하는 아이가 거의 없다고 한다. 한글뿐 아니라 외국어와 덧셈, 뺄셈까지 익히고 들어간다.

　이쯤 되면 "학교 들어가서 뭘 배우나?"라는 질문은 추세를 모르는 순진한 질문이라기보다는 "잘난 척하냐?"는 핀잔을 듣기 딱 좋다.
　아이들도 바쁘고 부모들도 늘 초조하지만 톱니바퀴처럼 맞물려 빠르게 돌아가는 지금의 'ready made world'에서 벗어날 용기가 있는 사람도 그리 많지 않을 것이다.
　이미 달리는 버스를 탔는데 나는 내리겠노라고 손들 용기도 없고, 너 나 할 것 없이 다 가는 길을 외면한 채 나만 다르게 가보겠다고 외칠 당당함을 가진 이도 흔치 않다.
　비단 학생들의 학업뿐 아니라 우리의 삶 대부분에서 '달리기 시합'을 하는 선수들과 같은 삶을 살고 있는 느낌이다.

　TV 광고 중에 감동적인 장면을 시대순으로 보여 주며 "good",

"better", "best"라는 말이 멋진 저음의 성우 목소리로 흘러나오는 것이 있다. 그리고 "이제 우리는 beyond best로 나아간다"고 외친다. 영상은 무척 멋있는데 이를 바라보는 마음은 숨이 가빠 온다.
'헉! 지금도 벅찬데 얼마나 더 빠른 속도로 달려야 하는 거지!'

멋진 곡을 당장 치고 싶은 마음에 기초도 제대로 습득하지 않은 채 어려운 곡에 도전하는 아이처럼 과정이 충실하지 못하다면 부작용은 반드시 있게 마련이고 그 후 회복은 매우 어려울 수 있다.
목적지에 도착하는 것보다 중요한 것은 그 길로 가는 과정이고 그 과정 자체가 목표에 도달할 수 있는 진정한 허가증일지 모른다.

자신도 힘들고 지쳤지만 눈길에 쓰러져 있는 사람을 외면할 수 없어 그 사람을 업고 산길을 내려왔더니 서로의 체온으로 둘 다 살 수 있었다는 인도의 성자 '선다 싱 Sundar Singh'의 유명한 예화와 같이, 우리 삶도 남보다 빠르게 먼저 통과하는 것이 아닌, 어떻게 통과하느냐로 결정지어질 것이다.
다만 빨리 가는 것보다 정도正道로 가는 것이 더 중요하다는 사실을 깨닫게 되는 때가 그 길을 지난 후라는 것이 슬픈 일이다.

44_ 남에게 어떻게 보일지를 먼저 생각하는 이들에게

자유함의 대리만족

　예술보다 먹고사는 문제가 훨씬 중요했던 1970년대 산업화 시대, 고상하지 못한 문화는 퇴폐 문화로 치부되던 그 시대에 듣기에도 생소한 '해프닝'이란 미술 장르를 대중 앞에 요란하게 선보인 이가 있었다.

　그녀는 대학 졸업식장을 갑자기 장례식장으로 바꾸어 놓고 많은 축하객을 당황하게 만들더니 이것을 '해프닝'이라 했다. 당시 이런 일을 신문 기사에서 접하고는 '비틀스 The Beatles' 노래를 처음 들었을 때와 같은 충격과 놀라움으로 마음이 떨렸던 기억이 아직도 생생하다.

　그녀는 대학에서 미술을 전공한 것도 아닌데 미술 대학원에 들어간 첫해, 파리 비엔날레 참가자를 뽑기 위해 우리나라에서 처음 열

린 '앙데팡당전展'에서 우리나라 대표로 뽑혔다.

그 후 이 예술가는 참으로 괴짜 같은 삶을 살다가 몇십 년이 흐른 후 TV에서 문화 대담 프로그램을 진행하는 등 미술에 문외한도 그 이름을 알 만한 유명 예술가가 되었다.

하지만 그녀는 늘 "화가는 그림 그리는 육체노동자다"라는 말을 했고, '영감'이란 말도 믿지 않았다. 번뜩이는 영감이 있어서 작업하는 것이 아니라 열심히 작업하는 과정에서 '영감'을 얻는 것이라 했다. 평범한 사람이 보기에는 그저 부럽기만 한 이 천재가 작품을 임하는 자세는 확실한 '성실'이었던 것이다.

인디언 같은 더벅머리 때문에 호텔 같은 곳에 들어갈 때면 제지당하는 것은 물론이고, 심지어 자신이 사는 아파트에 들어갈 때도 제지당했다는 그녀의 삶이 여러 이해 불가능한 기행에도 불구하고 내심 부러워 나는 늘 멀리서 바라보곤 했다. 이유는 그녀의 천재성도, 성실성도 아닌 '자신 있는 자유함'이었다. 그녀는 사람들에게 인정받으려 안전한 길을 택하지 않았고 평생 다른 사람의 눈치를 보고 살지 않았다.

  찰스 아이브스Charles Edward Ives라는 음악가는 역시 음악가였던 그의 아버지 조지 아이브스George Ives의 영향으로 여러 실험적인 음악을 많이 만들었다. 그의 아버지는 아들에게 "네가 하고 있는 것이 무엇인지 네 자신이 알고 있다면 그건 모두 맞는 것들이란다"라는 말을 했다고 한다. 그래서 그는 당대 사람들이 전혀 상상할 수 없는 음악 실험을 할 수 있었고, 다른 사람의 귀에 익숙한 음악이 아닌 자신만의 생각을 당당하게 발표할 수 있었다.

  무엇을 하든 사람들이 나를 어떻게 생각할까를 먼저 생각하는 나의 모습을 종종 보게 된다. 그래서 남들과 다른 생각을 하고 그런 생각을 자신 있게 행동으로 옮겼던 예술가들을 바라보며 늘 '자유함의 대리만족'을 하게 되는 것 같다.
  오래전 〈사랑의 블랙홀〉이란 영화를 본 적이 있다.

45_ 별 감흥 없이 새봄을 맞이하는 이들에게

봄,
'따뜻함' 그 이상

밤에 자고 일어나도 새로운 오늘이 아닌 어제와 똑같은 날들이 반복된다는 좀 황당한 설정의 영화였다. 영화의 원제는 사랑의 블랙홀과는 전혀 다른 '그라운드호그 데이 Groundhog Day'인데 이는 '성촉절'로 그리스도교의 축제날이며 '봄을 시작하는 날'이기도 하다. 또한 '무한 반복되는 일'이라는 매우 다른 뜻을 지니기도 한단다.

'그라운드호그'는 겨울철 땅속에서 동면을 취하며 사는 다람쥣과科 동물인 마멋 marmot을 말하는 것으로, 전설에 의하면 이 동물은 2월 2일 성촉절에 깨어나 땅속에서 밖으로 나오게 되는데 이때 자기 그림자를 보고 놀라 다시 땅속으로 들어가 봄을 더 기다린다고 하니 우리의 '경칩'과도 비슷해 흥미롭다.

냉소적이고 성격이 까칠한 이 영화의 주인공은 자신에게 매일 같

은 날인 '성촉절'만 반복되는 이 상황을 알고는 처음에는 자기 성격처럼 못된 짓만 골라 하다가 결국 이 상황을 잘 활용하기로 한다.

오늘 일어날 상황을 이미 알고 있는 그는 사람을 살리는 일도 하고 착한 일도 하며 그에게 어울리지 않게 남들에게 칭찬을 받게 된다. 그러면서 한 여자의 진심된 사랑도 얻게 되어 결국 오늘이 어제와 같은 날이 아닌, 오늘이 새로운 오늘로 바뀌게 된다.

괴팍한 주인공이 따뜻한 사람이 되고 나서 무한반복도 끝을 맺고, 봄의 시작을 알리는 '성촉절'이 다음날로 넘어가면서 실제로 봄도 열리게 된다는 사랑스러운 이야기다.

이 영화에서처럼 봄은 '내일'이며 '안 좋은 것들과의 결별'이듯이 봄이란 단어는 '따뜻함' 그 이상의 희망, 기대감, 변화의 뜻을 지니고 있다.

 어린 시절, 바지만 입어야 하는 추운 겨울이 싫어 치마를 입을 수 있는 봄을 무척이나 기다렸다. 2월 말쯤이 되어 새 학년이 시작될 때면 아침마다 날이 풀리기를 기대하며 창문을 열곤 했다.

 연말이 되어 크리스마스 장식이 화려하게 반짝여도, 해가 바뀌는 순간 큰 소리로 카운트다운을 하며 많은 사람이 새해가 오는 것을 반겨도 세월이 흐르니 별 감동 없이 그저 같은 날들의 반복 같기만 하다. 하지만 아직도 3월이 가까워지면 엄마가 만들어 준 주황색 주름치마를 입고 싶은 마음에 봄이 빨리 와주기를 기다렸던 어릴 적 기억이 떠올라 마음이 따뜻해진다.

 어느덧 봄이 늘 따뜻한 것만은 아님을 알게 된 나이가 되었지만, 더 많은 봄을 지내고 나니 이 영화의 우리말 제목인 '블랙홀'처럼 빠져나오기 힘든 답답한 상황에 놓여 있을지라도 그것이 오히려 내게 유익이 될 수 있음도 깨달을 수 있게 되었다.
 그리고 보니 '그라운드호그 데이'라는 밋밋한 원제를 〈사랑의 블랙홀〉이라 옮긴 것은 실로 감탄할 만한 일이다.

힘 빼기

뒤늦게 단소를 배우게 되었다. 초등학생이 부는 리코더 정도로 생각하고 가볍게 시작했는데 아무리 불어도 바람 소리만 날 뿐 소리가 나질 않았다. 게다가 숨을 힘껏 불어 대니까 머리까지 어지러웠다. 안 되겠다 싶어 단소 연주법을 찾아보니, 예상대로 힘을 빼라고 한다.

우리는 무언가 익힐 때 "힘 빼"라는 말을 참 많이 듣는다.

운동할 때도, 피아노를 배울 때도, 처음 데생을 배울 때도 손목의 힘을 빼라고 한다. 직접 해보이시는 선생님은 오히려 손목에도 발목에도 힘이 있어 잘하시는 것 같고, 관악기라면 숨을 힘껏 불어넣어야 깨끗한 소리가 나오는 것 같은데, 이상하게도 선생님들은 하나같이 힘이 너무 많이 들어갔다는 이해할 수 없는 말만 한다.

나 같은 경우 미용실에서 머리를 감겨 줄 때면 미용사를 돕는답시며 목을 들어 주게 된다. 그러면 미용사는 목의 힘을 빼라고 하는데, 그럴

때면 어떻게 하는 것이 힘을 빼는 것인지 몰라 늘 당황하곤 한다.

힘을 빼는 것은 정말 힘을 주는 것보다 훨씬 더 어렵다. 하지만 어렵사리 힘 빼는 법을 익히고 나면 힘 빼는 일이 그리 어렵지 않다는

PART 3_
천천히 걷다 보면
보이는 세상

 것을 알게 된다. 초보자가 힘주는 것도 보이고, 힘을 주어야 할 곳과 빼야 할 곳이 뒤바뀐 모습도 보인다.

 무엇을 배우기 시작할 때 힘을 빼는 기본자세부터 먼저 익힌 후에야 점차적으로 이해하게 되는 것처럼 삶도 그런 것 같다.
 욕심도 버리고 마음도 비우라는 충고를 아무리 들어도 나는 이미 비운 듯한데 무엇을 더 버려야 될지도 모르겠고, 가끔은 이전에 비슷한 경험이 있으니 남들보다 빨리 멋지게 끝낼 수 있을 것 같기도 하다.
 나름 겸손한 자세로 성실하게 임한 것 같은데 기대를 너무 많이 한 탓인지 오히려 실패하기도 하고, 남들보다 더 오랜 시간이 걸리기도 한다.

 왜 힘을 빼야 한다는 단순한 법칙은 그것을 다 익힌 후에야 비로소 깨닫게 되고, 마음을 비우라는 그 쉬운 말은 충분히 성숙된 다음에야 이해가 되는 건지 정말 미스터리다.

47_ 상대방을 빨리 변화시키려는 조급함을 가진 이들에게

쿠크다스

우리 아이는 어린 시절 '쿠크다스'라는 과자를 무척이나 좋아했다.

좋아한다고 해서 과자를 달라는 대로 양껏 사줄 수도 없는 노릇이어서 되도록 그 과자가 아이의 눈에 띄지 않게 노력했다. 그런데 아이는 그 맛있는 과자를 실컷 먹지 못한 아쉬움이 오랜 세월 남아 있었나 보다.

10년도 더 지나 아이가 중학생쯤 되던 시절, 쿠크다스 큰 통 하나를 사서 원 없이 먹더니 그제서야 그 과자에 대한 오랜 미련을 버리게 된 것 같았다.

아이를 키울 때 누구나 다 잔소리, 훈계, 설교, 심한 경우 협박까지 하곤 한다. 하지만 부모의 애정 어린 훈계에도 불구하고 아이들은 그리 쉽게 변화하지 않는다. 심지어 하지 말라는 것을 더 심하게 하기도 한다. 말 잘 듣는 착한 아이들도 있지만 그들의 속마음까지 부모의 훈계 몇 마디에 변화된 것은 아닐 가능성이 많다.

그들이 확실히 변화되는 경우는 아마도 자신이 원하는 것을 실컷

해보고 나서 스스로 이 길이 아님을 깨달은 후일 것이다.

어린이나 청소년뿐 아니라 이런저런 경험을 겪은 성인들도 '이렇게 하면 위험할 수도 있는데……' 하면서도 되돌아서지 못하는 경우가 많다. 자신이 간절히 그 일을 하고 싶을 경우 지지의 소리는 물론이고, 그 반대의 소리조차 자신의 선택이 옳음을 증명하는 것으로 해석하고 비난조차 자신의 행위의 정당성을 뒷받침해 주는 응원으로 듣는 것이다.

어린아이가 달콤한 과자를 질리도록 먹은 후에야 그 달콤함의 미련에서 자유로워지듯이, 청소년 시절 부모에게 심하게 반항한 후 자신의 위치를 찾을 수 있듯이, 역시 '철저히 경험하는 것'만이 유일한 방법일지도 모른다.

물론 많은 시간과 에너지가 소요되고 본인뿐 아니라 주위 사람들에게 아픔과 불편을 줄 수도 있으니 최선의 방법이라고 할 수는 없겠지만 매우 확실한 방법임에는 틀림없다.

가끔 대형 슈퍼마켓 진열대에서 큰 포장의 쿠크다스 과자를 보면 저 과자가 아이의 눈에 띄지 않기만을 바랐던 시간과 스스로 실컷 먹은 후 그 과자에 대한 미련에서 벗어났던 아이의 모습이 떠오른다.

상대방이 스스로 익힐 때까지 바라보며 기다려 줘야 한다는 것을 나 역시 오랜 시간을 들여 배우고 있음도 깨닫게 된다.

절박함이 준 선물
'평안'

어린 시절, 엄마는 한 번도 들어 보지 못한 속담을 적절한 상황에서 잘 인용하시곤 했다.

그럴 때마다 우리 속담이 이렇게나 다양하게 많이 있다는 것에 놀라고, 우리 엄마가 속담을 많이 알고 있는 것에 한 번 더 놀라곤 했다.

학교에서 배운 사자성어 역시 속담처럼 재미있었는데, 한글과 달리 뜻 글자인 한문은 네 개의 글자 조합만으로 우리 속담과 비슷한 말들을 만들어 내는 것이 신기했다.

게다가 그런 말을 만들어 낸 배경이나 유래는 마치 영화 이야기처럼 매우 흥미진진해서 그 광경을 상상하며 머릿속에서 그림을 그려 보곤 했다.

초나라와 한나라와의 전쟁이 배경인 '사면초가四面楚歌'에 대한 이야기를 듣고도 아래로는 망망한 바다, 위로는 시커먼 하늘, 그 사이

에 절망에 빠진 얼굴로 홀로 서있는 작은 사람을 머릿속으로 그려보았다.

그러면서 이런 상황이라면 홍해가 갈라지는 기적이 일어나거나 하늘에서 동아줄이라도 내려오지 않으면 살길이 없을 거라는 필요 없는 걱정까지 하곤 했다.

그런데 살다 보니 '사면초가'와 비슷한 상황은 내게도, 내 주위 사람들에게도 일어나는 일이었다.

정말 하늘에서 동아줄이라도 내려오길 기대하며 사면초가 속 초나라 병사들처럼 도망가고 싶기도 했다.

그런 시간을 보낸 후 그 상황이 어떻게 해결되었는지 잘 생각나지 않는 것을 보면 내겐 특별히 기적적인 일이 일어난 적은 한 번도 없

었나 보다. 오히려 힘들고 아프고 희망도 없는 우울한 시간은 꽤 길었던 것 같다.

하지만 오랜 시간이 지나 그 어두운 상황이 돌 같은 마음을 바스러뜨려 준 유익한 시간이었음을 깨닫게 되었으니 이것이 기적일지도 모르겠다.

그렇다고 '사면초가' 같은 상황이 다시 왔을 때 웃으면서 씩씩하게 맞이할 자신이 있는 것은 아니지만, 오래전 그려 봤던 머릿속 그림에서 이제는 한 가지만은 확실하게 바꾸고 싶다.

위, 아래, 양옆 사방이 모두 캄캄한 배경은 변함이 없지만 희망 없는 우울한 얼굴로 서있던 것을 평안한 얼굴로 앉아 있는 모습으로 바꾸어야 될 것 같다.

밝고 평탄할 때는 절대 알 수 없지만 도무지 해결의 방법이 보이지 않는 막막한 상황을 지나고 나면 비로소 고난의 의미를 알 수 있기 때문이다.

그래서 '평안'이란 모든 상황이 문제없을 때 누릴 수 있는 감정이 아닌, 사면초가의 절박함을 경험한 후에나 가질 수 있는 숙성된 감정임을 알게 된 것이다.

오래전 엄마가 상황에 따라 우리 속담을 잘 구사했던 것도 스스로 삶의 현장에서 겪었던 경험들이 있었기에 가능한 생생한 증언이 아니었을까?

PART 4_

거꾸로 보면
보이는 세상

49_ 목표에 도달하는 순간 방심하고 마는 이들에게

방심

아주 오래전에 보았지만 강하게 기억에 남는 영화가 있다.

제목도 모르고 시대 배경이나 주인공 이름도 모른 채 줄거리만 대강 기억하고 있는 이 영화는 전시戰時의 위험하고 혼란스러운 도시에서 조금만 흔들려도 폭발할 수 있는 위험 물질을 트럭에 싣고 거친 산을 넘어 운반해야 하는 일로부터 시작된다.

거의 불가능한 이 일을 하겠다고 나서는 사람이 있을 리 없었고 이에 파격적인 제안을 하기에 이른다. 이 위험 물질을 운반해 주는 사람에게는 거액의 돈뿐만 아니라 그 도시를 빠져나가 다른 곳으로 갈 수 있는 허가증을 주기로 한 것이다.

삶의 모든 것이 절망적이었던 주인공이 이 일에 자원하였고, 그는 위험 물질을 싣고 거친 자갈길과 위험한 산길을 조심조심 운전해 드디어 임무에 성공한다. 하지만 기쁜 마음에 노래를 흥얼거리며 돌아오던 주인공은 위험 물질도 없고 거칠지도 않은 평탄한 길에서 부주의한 운전으로 그만 사고가 나서 죽게 되는 것으로 이야기는 마무리된다.

　영화를 본 지 30년도 넘은 것 같은데, 큰일이 지나고 긴장이 풀어지면서 방심하게 될 때면 안심하고 즐거워하다가 사고로 죽게 된 이 영화 주인공의 얼굴이 떠오르곤 한다.

　하지만 이런 경우는 생각보다 많이 있다.
　소소하게는 가정에서 한 달 지출 계획을 세우고 불필요한 지출을 하지 않으려 노력한 결과 드디어 계획대로 이룬 것 같은 마지막 순간, 그만 방심해 지출이 오버되는 실수를 하기도 한다.
　또 다 이겨 놓은 축구 경기를 마지막 몇 분 남겨 놓고 방심하는 바람에 승리를 내주는 장면을 온 국민이 안타깝게 바라보아야만 하는 일도 생긴다.
　한 가정이 어려울 때는 알뜰살뜰 절약하면서 서로 응원하며 힘든 시기를 잘 견디어 내다가 먹고살 만해지면 외부가 아닌 내부에서 문제가 생겨 불화가 생기는 일도 허다하다.

  단체나 사회, 또는 국가도 어려울 때보다 어려움이 없을 때 욕심이 생겨나고 결국 어려움이 아닌 욕심으로 무너지는 것도 종종 보게 된다.

  원하는 목표에 도달해 마치 동화 속 마무리처럼 "그리고 행복하게 살았답니다" 하고 끝나는 것은 실제 우리 삶에서는 거의 적용되지는 않는다. 원하던 목표에 도달하면 교만해지고 높아지며 건방져지고 방심하게 되어 이전 모습을 잊어버리는 것이 어쩔 수 없는 우리의 모습이기 때문이다.

  늘 긴장하며 산다는 것이 자신의 의지로는 불가능하다는 것을 알게 된다면, 우리 앞에 종종 놓이게 되는 위험 상황을 기꺼이 감사로 받아들일 수 있지 않을까?

50_ 반칙의 피곤함에 지친 이들에게

'기본'이 먼저

대중교통을 이용하다 보면, 아까부터 타고 있던 나는 계속 서있는데 방금 탄 사람이 운 좋게 자리가 나서 앉게 되는 경우가 종종 생기곤 한다. 그럴 때면 '대중교통에도 번호표 제도를 도입하면 어떨까?' 하는 엉뚱한 상상을 해보곤 한다. 지금은 당연한 일이 됐지만, 우리나라에 줄서기 문화가 정착된 것은 그리 오래된 일이 아니다.

　2000년대 초반만 해도 은행 창구나 공중화장실에서 줄을 설 때면 내가 선 줄만 유독 줄어들지 않아 속상했던 경험이 한두 번씩은 있을 것이다. 번호표 제도가 도입되고 한 줄 서기가 생활화되면서 이 얼마나 획기적인 문화냐며 감탄하고 반겼는지!

　지금 당장은 이렇게 기다리고 있지만 머지않아 내 차례가 반드시 올 것이라는 그 지극히 기본적인 원칙이 누구에게나 공

평하게 지켜질 수만 있다면, 사람들은 분명 그 모든 기다림의 과정을 기분 좋게 받아들일 수 있을 것이다.

하지만 이 원칙에 변수가 빈번하게 발생한다면 신뢰가 형성될 수 없고, 지금은 조금 힘들지만 내일을 위해 기쁘게 땀 흘리는 이들은 그 수고에 의미를 찾지 못해 서러울 것이며, 번호표를 들고 기다리면서도 그 대기인 수를 믿지 못해 초조해할 것이다.

몇 년 전 로버트 풀검Robert Fulghum의 『내가 정말 알아야 할 모든 것은 유치원에서 배웠다』라는 긴 제목의 책이 오랜 기간 동안 베스트셀러에 오른 적이 있었다.

매우 긴 제목이지만 제목에서 책의 내용을 매우 충실하게 요약해 놓은 이 책이 오랜 기간 베스트셀러였던 이유는 '나도 기본을 지킬 준비가 되어 있으니 우리 모두 기본에 충실하여 반칙의 피곤함에서 벗어나자'는 공감대가 판매량으로 드러난 게 아니었을까 추측해 본다.

유치원에서 다 배웠다는 그 '기본'이 이처럼 아직 서툴기만 한데, 우리는 자꾸 '고난도 기술'에만 더 관심을 가지고 몰두하는 듯하다.

51_ 다이어트를 생각해 본 이들에게

부족할 때 진정으로
'통通'한다

현대인에게 있어 가장 무서운 적을 꼽으라 하면 많은 사람이 '비만'을 꼽을 것이다.

새해가 되면 대부분의 사람이 새해 계획안에 다이어트나 규칙적인 운동을 반드시 넣는 것만 봐도 그렇다.

그 다이어트 요령 중 평소 쉽게 실천할 수 있는 방법이 '음식을 천천히 먹는 것'인데 급히 먹다 보면 과하게 먹어도 그 포만감이 미처 뇌에 전달되지 않아 과식하게 된다는 이유에서이다.

아주 먼 옛날, 지구에 살았다는 공룡이 멸종한 이유에 관해 여러 설說이 있는데, 그중에 몸집이 너무 커졌기 때문이라는 이야기가 있다.

몸집이 너무 커서 머리의 지령이 꼬리까지 전달되지 않았고 꼬리

PART 4_
거꾸로 보면
보이는 세상

의 통증이 머리까지 전달되지 않았을 것이라는 추측이다. 공룡보다 몸집이 아주 작은 사람도 포만감이 뇌로 전달되는 데 시간이 걸려 문제가 발생한다고 하니, 10층 빌딩만 한 공룡의 몸집을 상상해 보면 빙하기가 와서 멸종했다는 설보다 나는 이 이야기에 더 신뢰가 간다.

이는 우리가 사는 사회에서도 비슷한 모습을 볼 수 있다. 몇 년 전 세계를 경악하게 한 거대 '쓰나미'가 일본 열도를 덮쳤을 때 일본의 관료조직이 매우 권위주의적이고 비대한 탓에 대응이 늦어졌다는 기사를 본 적이 있다. 그래도 세계 선진국이고 비교적 냉정을 유지한다는 일본인들의 성격을 봐서는 체계적이고 재빠른 대응을 했을 것이라 막연히 추측했는데 정말 의외의 일이었다.

요즘 여기저기서 '통通'이란 말이 많이 사용되고 있다.
그러면 '통'하지 않는다는 것은 결국 이 사회가 거대한 공룡 몸집 같아져서 내부에 이상이 생기고 있다는 조기 증상이 아닐까?
혹시 우리 내부가 비대해져서 '통'하는 문이 너무 많다든지, 권위주의적이 되어서 '통'하는 문 지나가기가 너무 어려운 건 아닌지 점검해 보는 것이 몸의 다이어트보다 더 심각하고 중대한 다이어트인 것 같다.

52_ '너무'라는 말을 너무 많이 사용하는 이들에게

지나침과
적절함의 사이

혼잡한 지하철 안에서 나이 지긋한 어르신들이 이야기 나누는 것을 옆에서 듣게 되었다. 한 친구분이 모임에 잘 나오지 않는지 "그 친구는 새벽에도 교회 나가고 평일에도 교회 나가. 물론 운동도 되고 건강에도 좋으니 나쁠 것은 없지만……"이라는 칭찬인지 불만인지 모를 이야기를 한다. 모두 이 말에 동의를 하지만, 결국 "무엇이든지 과하면 안 좋고 적당해야 한다"며 끝을 맺는다.

그렇다면 이분들에게 지나침과 적절함의 기준은 무엇이었을까?

요즘 우리가 사용하는 말에서 '너무'라는 부사어를 너무 많이 사용한다는 기사를 읽은 적이 있다. '너무'란 '일정한 정도나 한계에 지나치게'라는 뜻으로 조금은 부정적인 의미까지 담겨 있는데, 우리는 이 말을 '매우'보다 더 크고 많거나 어쩌면 더 듣기 좋은 경우에 사

용하곤 한다. '매우 좋다'보다는 '너무 좋다'로, '매우 예쁘다'보다는 '너무 예쁘다'로.

하지만 '너무'라는 부사어는 뒤에 부정적 서술어가 따라와 뭔가 부작용이 생길 듯한 위험성이 내포되어 있는 느낌이 있다. 맛있는 것을 너무 많이 먹어 배탈이 나기도 하고, 운동을 너무 열심히 해서 몸에 무리가 가기도 하고, 자식을 너무 사랑해서 과도한 간섭을 하다가 서로 큰 상처를 입기도 하는 등 우리 주위에는 좋은 것일지라도 지나침으로 인해 일어난 폐해의 예가 굉장히 많다.

그렇지만 그것은 과연 지나침이었을까?

혹시 '잘못된 것'을 '너무 많음'으로 미화하고 있는 것은 아닌지. 때론 절제하지 못하는 것도, 때론 손해 보지 않으려는 것도, 일반적

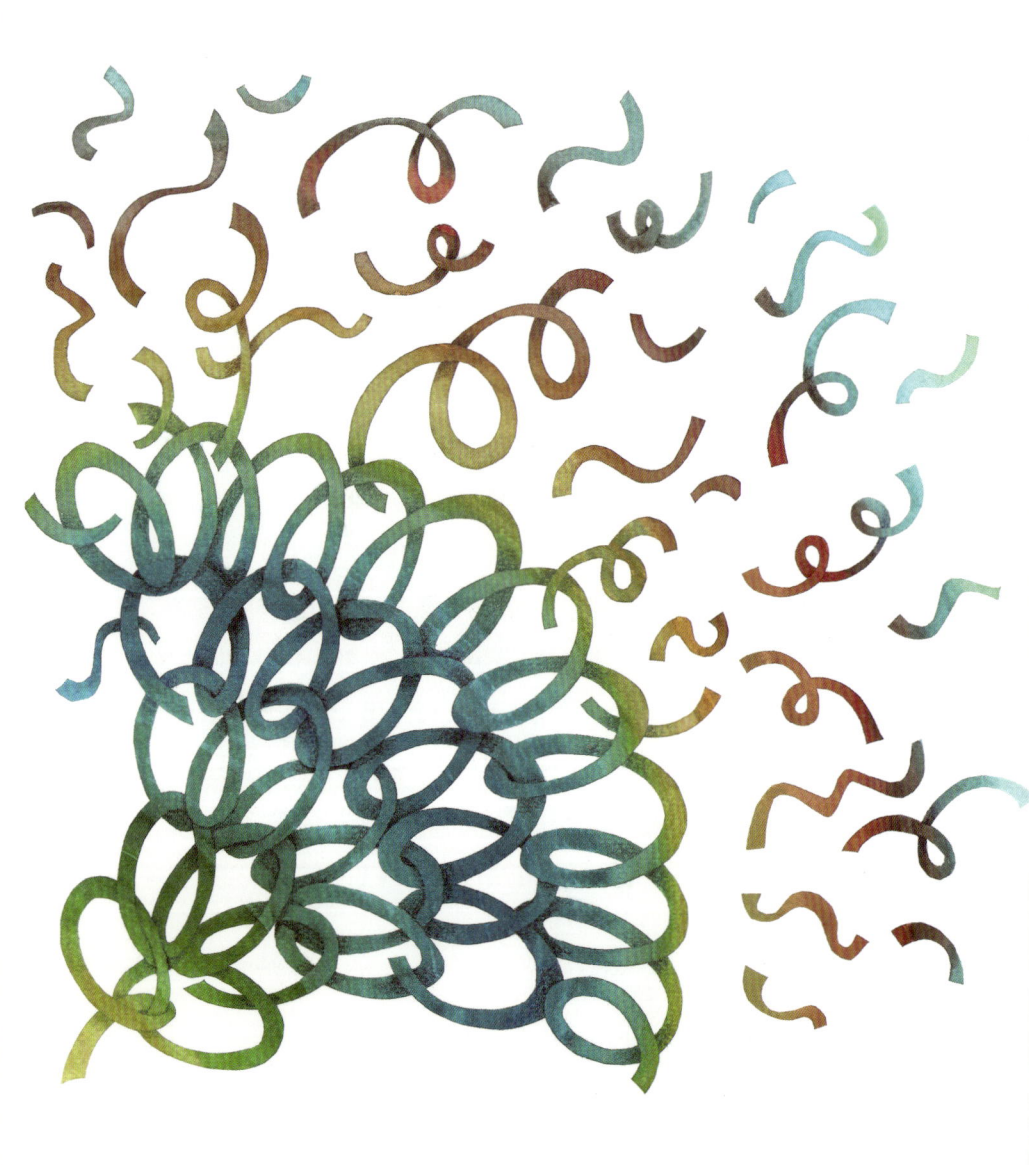

인 상식에서 벗어난 생각이나 태도를 '지나침'으로 여기고 넘어가 주는 것은 아닐까? '너무 많이'는 '위험할 수 있는 지나침'이지 '매우 많은 것보다 더 많은'은 아닌데 말이다.

  우리가 알고 있는 대부분의 '지나침'은 '잘못된 것'일 경우가 많다. 하지만 그것이 건강한 방식으로 매우 많다면 아마 주위 사람들에게 좋은 결과로 드러남이 정상적인 모습일 것이다.

  위의 어르신들의 대화에서도 그 부지런한 분이 잦은 불참에도 불구하고 그들과의 관계가 늘 좋았다면 "지나친 건 안 좋아"라는 결론이 아닌 "그 친구는 매사에 참 열심이야"라는 긍정적인 결론이 나지 않았을까?

  혹시 '너무'라는 부사어를 너무 많이 사용하면서, 잘못되어 가고 있는 것을 그저 '지나침'이라 여기며 '잘못된 것'을 직시하려 하지 않는 것은 아닌지 곰곰이 생각해 봐야겠다.

53_ 자신의 판단이 옳았음을 증명하려는 이들에게

소신과 고집 사이

얼마 전 자동차 보험을 갱신했다.

다른 보험과 달리 1년에 한 번씩 다시 갱신해야 하다 보니 만료 두세 달 전부터 이곳저곳에서 전화가 걸려 온다. 모두 다 들어 보고 비교한 후 가장 저렴한 곳으로 할 생각이었다.

하지만 두세 달이 지나 막바지에 가서는 엉뚱하게도 가장 비싼 보험으로 계약하고 말았다. 그 회사가 가장 좋은 조건도 아니었고 사실 다 비슷비슷한데, 그토록 오랜 시간 동안 고민해 놓고 왜 이런 황당한 결정을 하고 말았을까?

나 자신도 스스로 이해가 가지 않는 결정을 순간적으로 해버린 것에 대해 은근히 화까지 나던 중에 매일 듣던 라디오에서 그 이유를 발견할 수 있었다.

알고 보니 나는 오랫동안 라디오를 통해 그 보험회사 광고를 꾸준

히 듣고 있었고, 그로 인해 그 회사는 매우 믿음직하다는 신뢰가 형성되어 있었던 것이었다.

  내 머릿속에서는 '꼼꼼히 분석해야지' 하고 생각하면서도 내 마음은 이미 결정을 해놓고 내가 호감을 갖고 있는 그 회사에서 강력하게 권유해 오기만을 기다리고 있었던 것이다.

  우리들은 어떤 일을 할 때 이 사람 저 사람의 의견을 들어 보고 다각도로 비교 분석해 보겠다고 하면서도 마음속에는 자신이 하고 싶은 것이 이미 결정돼 있는 경우가 많다.

  그래서 이런저런 의견을 듣는다는 것은 자신의 결정의 정당성을 입증하기 위한 합리화의 과정에 지나지 않는지도 모른다.

  자신의 결정과 일치하면 "맞아! 내 판단이 옳았어!" 하면 되고, 자신의 결정과 다르면 불리한 요소들을 가지고 사뭇 진지하고 객관적으로 비판하면 되니까.

이후 옳지 않음을 깨달았어도 생각을 바꾼다는 것은 그동안 지조를 지킨 자신을 부정하는 것이기에 좀처럼 자신의 생각을 바꾸지 않으려 한다.

오히려 자신의 판단이 옳았음을 입증하기 위해 더 무리하며 앞으로 나아가거나 혹은 돌덩어리처럼 전혀 움직이지 않기도 한다.

하지만 이것이 본인에게는 소신일지 몰라도 옆에서 보면 그저 고집일 뿐이다.

우리는 일의 그르침보다 자신의 판단이 옳지 않았음을 인정하는 것을 더 두려워하는지도 모른다.

"사람들은 불순종하여 고난을 겪기 시작하면 대부분 배우려 하지 않는다"는 존 비비어John Bevere의 말이 떠오르는 순간이기도 하다.

54_ '예쁜 얼굴'이 '착한 얼굴'이라고 말하는 이들에게

선善함

'착한 얼굴', '착한 몸매'라는 말이 쉽게 쓰이는 요즘, 맨 처음 이 말을 접했을 때는 '착한 얼굴'은 '마음이 착해 보이는 사람의 얼굴'을 표현한 것이고, '착한 몸매' 역시 '남을 편안하게 해주는 겸손한 성격을 가진 사람의 몸매이렇게 해석하느라 정말 고민 많이 했다'쯤으로 생각했다.

그런데 이 표현이 '예쁜 얼굴', '멋진 몸매'라는 뜻으로 사용되는 것을 알고 혼동을 넘어 화가 났다이 부분에서 화가 난 사람은 외모가 착하지 않을 확률이 높을 수도 있지만.

왜 내면을 표현하는 형용사를 외면을 표현하는 형용사로 바꿔 사용해서 마치 외모가 멋진 사람은 마음씨까지 착한 것처럼 헷갈리게 하는 것일까?

요즘 모든 표현이 다 그렇듯이 뭔가 더 세고 독창적인 표현을 찾다 보니 그런 표현까지 쓰게 된 것으로 생각되지만 예쁘고 멋진 외모가 경쟁력이 있고, 경쟁력 높은 외모를 지닌 자는 승자winner가 될 확률이 높으며, 승자는 다 용서되는우리는 종종 예쁘면 용서된다는 말을 하고 있

^{으니까} 현대의 기준이 반영된 형용사의 변이 현상인 듯싶어 씁쓸해진다. '선善'을 수식하는 표현이 '미美'를 수식하는 표현으로 사용되고, 나아가 승리와 성공의 절대조건이 되어 버린 '미' 앞에서 '선'은 때론 거추장스럽게 느껴지기까지 하는 지금의 시대가 만들어 낸 단어 같아서 말이다.

나온 지 반세기도 훨씬 지났지만 아직도 명작 중의 명작으로 꼽히는 영화 〈벤허〉를 보면 수백 명의 노예들이 거대한 배 아래에서 노를 젓는 장면이 나온다. 지금의 배로 말한다면 '모터'인 셈이다. 요즘이야 전기, 가스, 석유 등 인간에너지를 훨씬 능가하는 에너지들이 가정 구석구석까지 들어와 있어 과거 시대로 치자면 노예 200명 정도를 각 가정에서도 거느리는 것과 마찬가지인 혜택을 누린다고 한다.

하지만 이런 엄청난 혜택과 상관없이 지금 우리가 사는 모습 역시 쉴 새 없이 노를 저었던 그 시대 모습과 비슷하다는 생각이 든다. 다만 그 시대의 그들은 감독관의 채찍이 무서워 계속해서 노를 저었지만, 지금의 우리는 쉬기 시작하는 순간부터 바로 경쟁에서 낙오된다는 생각 때문에 계속해서 노를 젓게 되는 차이가 있다고나 할까?

그래서 길을 가다 강도를 당한 나그네를 돌봐주느라 시간도 지체하고, 있는 돈 다 내주고, 게다가 다시 오겠다며 보호자 노릇까지 자처한 오지랖 넓은 성경 속 인물 '선한 사마리아인' 같은 사고는 때로 우리를 불편하고 곤란하게 만든다.

"능력 있는 자가 이기는 것이 아니라 이기는 자가 능력 있다"는 말이 진리처럼 통하는 이 시대에, 시간이 지체되고 노력이 낭비되는 것은 결코 '선'이 될 수 없기 때문이다. 성공만 한다면 사소한 것 정도는 용서될 수도, 미화될 수도 있는 시대이기에 오죽하면 '멋진 외모는 착한 외모'로 취급될 정도이니 말이다.

그래서 우리는 점점 '선'을 외면하고 싶어 하고, 그럼으로써 '선함'을 논할 자격도 없어지는 것은 아닐까?

55_ '진짜'를 구별해 내고 싶은 이들에게

흉내 내기

예쁜 필통 하나, 예쁜 연필 한 자루만 지니고 있어도 친구들 사이에서 우쭐할 수 있었던 오래전 학창 시절, 학교 앞 가게에서 파는 예쁜 손지갑 하나가 눈에 띄었다.

꼭 갖고 싶었지만 학생 용돈으로는 선뜻 살 수가 없어 만지작거리기만 하다가 비슷한 디자인의 또 다른 손지갑을 발견했다. 한참 망설이는 내가 답답했는지, 가게 주인은 처음 봤던 지갑이 나중에 본 지갑을 따라 만든 것이라는 영업상 비밀일 수도 있는 설명을 해줬다.

그 말을 들으니 처음 본 지갑에 대한 매력이 순식간에 사라지면서 두 제품의 차이가 '진짜와 가짜'만큼이나 커 보였다.

이렇듯 우리 주위에는 겉으로 보기에는 비슷하지만 어떤 것은 만든 이의 열정과 애정, 나아가 철학이 들어 있는 '오리지널'이 있고, 또 어떤 것은 비슷하게 흉내 내며 쉽게 결과만을 취하려는 '유사품'들이 있다.

    크든 작든, 일회성이든 장기적이든 간에 어떤 일을 맡아 수행할 때 능력이 부족해 그리 잘하지도 못하면서 헉헉거리는 소리만 요란하고 남들에게는 "열심히 하느라 힘들다"는 말만 장황하게 해대는 나를 볼 때가 있다.

    이럴 때면 그저 일하는 흉내만 내고 있다는 생각에 뒤돌아 얼굴이 화끈거리곤 한다. 주어진 일에 진심된 마음으로 온 힘을 다하고 있는지, 남의 눈에 거슬리지 않을 정도로만 하고 있는지는 남은 물론 자신도 모를 수 있다.

    "최선을 다한다는 것은 자신이 한 것에 대해 자신이 감동하는 것이다"라는 어느 작가의 말이 떠오른다. 나는 과연 내가 한 것에 내가 감동할 만큼 했었는지 뒤돌아본다.

    한 해를 정리하는 시기가 오면 늘 후회되는 것은 다른 이들의 지탄이 아니라 내게 맡겨진 일에 "이만하면 할 만큼 한 거 아니야?"라고 말하면서 일하는 흉내만 낸 채 쉽게 마무리해 버린 것들이 아닐까 싶다. 혹시 다른 이들이 칭찬할 만큼만, 내가 한 행동이 그들의 눈에 잘 보일 만큼만 했다면 더욱 부끄러운 일일 테고…….

내 지난 행동들이 결과에 상관없이 열정과 애정이 들어간 '진짜'였는지, 진짜가 부러워서 남에게 보이는 모습만 '흉내' 냈던 것이었는지는 잘 모르겠다.

하지만 어린 시절 '오리지널' 지갑을 고르던 사소한 기억이 종종 떠오르는 것을 보면 '진짜'와 '유사한 것'은 확실히 구별된다는 사실을 두려워하며 믿고 있기 때문인 듯싶다.

가제트와 브레인

〈형사 가제트〉라는 만화 영화가 있었다. 수많은 만화 영화 주인공이 그렇듯 '가제트'도 슈퍼 파워 능력을 지니긴 했지만 우습게도 사건은 하나도 해결 못 하는 형사 로봇으로, 오히려 사건을 더욱 복잡하게 만드는 골칫덩어리에 가깝다.

"나와라, 만능 팔! 나와라, 만능 다리!" 하고 외치면 팔도 길어지고 다리도 길어지고 심지어 목도 길어져 구름까지 닿기도 하는데, 바바리코트에 중절모를 쓴 멋진 모습의 그를 보면 그가 아주 유능한 형사라고 믿지 않을 수 없다.

하지만 사실 그는 아무것도 한 일이 없다. 그의 곁에는 '브레인'이라는 이름의 개가 있는데, 그 개가 이름에 걸맞게 머리를 써서 모든

사건을 해결해 놓는다. 그것도 가제트보다 한 발 먼저.

  브레인이 사건을 해결하면 그 후 가제트가 나타나 사람들의 주목과 박수를 받는다. 사건은 브레인이 해결하고 영광은 가제트가 받는 셈이다. 더욱 재미있는 것은 가제트조차 자신이 해결했다고 믿는다는 것. 그래서 그는 늘 자신이 유능한 형사라고 생각하며 우쭐해한다. 그러나 브레인은 조금도 섭섭해하지 않고 웃으며 조용히 사라진다.

  이 만화 영화를 처음 볼 때는 내게도 브레인 같은 존재가 있으면 좋겠다는 생각을 했다. 마치 전래동화에 나오는 우렁각시처럼 몰래 나타나 모든 것을 해결해 놓고 사라지거나, 흔히 말하는 천사처럼 늘 내 곁에서 나를 보호해 주고 부족함을 채워 주는 존재 말이다.

  조금 더 세월이 흐르자 오히려 내가 브레인 같은 역할을 하는 사람이 되어야겠다는 생각을 하게 됐다. 지혜가 풍부해 어려운 일을 해결

해 내면서도 남들에게 드러나는 것에 절대 연연하지 않는 그런 멋진 사람.

하지만 세월이 더 많이 흐르니 내겐 이미 보이지 않는 브레인이 존재하고 있었다는 생각이 든다. 지난 어려운 과제들을 내가 과연 나 스스로의 능력과 지혜로 해결한 것일까?

어려움의 한가운데에 있을 때는 아무도 도와주지 않는 것처럼 보였지만, 뒤돌아보면 내 힘으로 헤쳐 나온 것은 하나도 없음을 깨달았기 때문이다.

그래도 다시 어려운 문제가 생기면 여전히 두렵고 초조하다. 그리고 그것이 또 해결되면 내가 해결했다고 생각하며 우쭐해한다. 브레인 역할은커녕 소리만 요란하고 드러내기만 좋아하는 가제트 모습에 가깝다.

57_ 〈아마존의 눈물〉을 보고 부끄러웠던 이들에게

욕심

몇 해 전 다큐멘터리 사상 경이적인 시청 기록을 세운 〈아마존의 눈물〉이란 TV 프로그램이 있었다.

그동안 자연이나 환경에 관심 없었던 사람들까지도 지구의 허파라 불리는 '아마존'이 훼손되어 가는 모습에 많이 놀라고 안타까웠을 것이다. 그중 보는 이들을 더욱 끌어당겼던 것은 21세기 첨단 문명 시대에 거의 고인돌 원시 시대 모습 그대로 살아가는 '조에족'의 삶이 아니었나 싶다.

나뭇잎으로조차 몸을 가리지 않고 몽둥이로 짐승을 사냥해 모두가 함께 나누어 먹는 그들의 모습을 보며 사람들은 '딱하다'라는 생각보다 '신기하고 부끄럽다'는 생각이 먼저 들었다고 했다.

그런데 내가 가장 신기했던 것은, 그들을 촬영하러 간 제작진을 가장 괴롭게 하고 고통스럽게 만든 존재인 작은 벌레나 해충들이 원주민들에게는 전혀 문제가 되지 않는다는 것이었다. 반면 문명이 전

파된 곳에는 질병도 함께 전파되어 면역성이 없는 원주민들이 죽거나 심지어 한 마을의 모든 종족이 멸절한 경우도 있었다는 것이다.

  정수기도, 마땅한 샤워 시설도 없어 우리 눈에는 너무도 비위생적인 그 환경에 정수를 담은 깨끗한 페트병이나 위생적으로 만들어진 인공 제품이 들어가면서 오히려 없던 질병이 생겨났다고 하니 놀랍고 이상했다. 그러나 한편으로는 '아! 그런 거였구나!' 하는 깨달음 같은 것이 오기도 했다. 우리에게 가장 위협적인 존재에 대해서는 면역성이 있고, 우리가 감기처럼 그냥 더불어 사는 질병에는 대책 없이 죽어 가는 그들……

  세상의 모든 정보가 저장되어 있는 손바닥 안의 기기를 잘 활용할 줄 몰라 내심 부끄럽기도 해서 이런 것을 자유자재로 사용하는 이들을 보면 부럽기 그지없었다. 하지만 남보다 더 갖겠다는 '욕심'이 전혀 없는 그들의 모습을 보면서 그들의 풍요로운 마음이 부럽고, 지

PART 4_
거꾸로 보면
보이는 세상

금 내가 지닌 감정이 부끄러워진다.

 전기에너지의 혜택에 이미 몸이 맞춰진 지금 "자연으로 돌아가자!"라고 외칠 마음은 전혀 없지만, 저들의 모습을 보면서 '문명의 발전이 인간의 욕심도 성장시킨 것은 아닐까?' 하는 생각이 든다. 아니면 인간의 욕심이 문명을 발전시키는 데 한몫했든지.

 하지만 지금 내가 〈아마존의 눈물〉 앞에서 함께 안타까운 눈물을 흘리며 아파하고 부끄러워한다 한들 과연 내가 내 이익 앞에서 멋지게 자유로울 수 있을지 또한 생각해 보았다.

 '내 소유'를 위한 욕심을 넘어 '우리 모두의 것'까지 탐하며 내 개인의 이익을 위해 야금야금 파먹는다면, 그것의 결과가 엄청난 부메랑이 되어 돌아온다는 것을 우리는 잘 알고 있다. 그런데 우리는 여전히 '다른 이들도 그렇게 하는데 나도 해야지' 하거나 '다른 이들이 가져가기 전에 내가 먼저'라는 생각을 하기도 한다.

 욕심이란 문명의 여러 부작용 중 하나인 정도가 아니라, 문명 자체를 이끌고 나가는 강력한 에너지원일 수도 있겠다는 생각도 해본다.

58_ '행복'이라는 단어에 무조건 반응하는 당신에게

행복

어느 날 아파트 입구에 놓인 〈행복소식〉이란 신문이 눈에 띄었다.
늘 그 자리에 놓여 있었던 것 같은데 지금에서야 내 눈에 띈 것을 보면, 아마도 그날 기분이 몹시 상해 무엇에라도 위로를 받아야겠다는 마음이 작동했었나 보다.
한 장 집어 들긴 했지만 '이것을 읽어 본다고 행복해지겠나?'라는 심술만 올라왔다. 결국 이건 행복해지고 싶은 사람들을 위로하는 게 아니라 행복해지고 싶은 마음만 이용하는 거라며 멀쩡한 신문에 괜히 심통만 부리고 말았다.

그러고 보니 나이 드신 분들은 쑥스러워 평생 입에 올려 보지도 않았던 '행복'이니 '사랑'이니 하는 조금은 간지러운 단어들이 요즘은 참 많이 사용되는 것 같다.
마트에 가보면 식품에도 '행복'이란 말이 많이도 붙어 있다. 먹으면 행복해질 정도로 맛있는지에 대해서 딱히 생각해 본 적은 없지만

'행복'이란 단어가 붙은 상표에 자연스럽게 손이 먼저 가는 건 사실이다.

언제부터인가 국제기구에서 세계 각국의 행복지수, 만족지수 같은 것을 조사해 발표하곤 한다. 그래도 어느 정도 먹고사는 것 같은데 우리나라는 여전히 하위권이다. 선진국은 물론이고 빈국으로 분류되는 나라보다도 못하다는 평가다. 우리나라만큼 열심히 달리고 우리나라만큼 '행복'이나 '사랑' 같은 단어들에 둘러싸여 사는 곳도 없을 것 같은데 말이다.

경제가 어려워지면 남성 정장이 잘 팔리고, 여자 치마 길이는 짧아지고, 립스

틱 색이 화려해진다고 한다. 마치 로코코 미술처럼 화려해지고, 모더니즘 작가의 작품처럼 현란한 요즘 상품들을 보면서 많은 현대인이 그렇게 해서라도 행복을 보충하려는 게 아닌가 하는 생각이 든다.

그래서 '행복'이라는 추상적 개념을 '눈에 보이고 손에 잡히는 구체적 무엇'으로라도 소유하려는 마음들이 상품에 강하게 반영된 현상이 아닌가 싶다.

마치 마음이 상한 날 〈행복소식〉이라는 신문 속 글에서라도 급하게 위로받고 싶었던 내 모습처럼.

행복의 파랑새를 찾으러 갔다가 찾고 보니 자신이 사는 집에 있었다는 틸틸과 미틸 남매의 포근한 동화는 별로 와 닿지 않고 '부자 되세요!'라는 외침이 더욱 행복의 덕담으로 와 닿는 요즘, 옅은 푸른색 같은 추상명사 '행복'이 마치 강렬한 원색이 모두 동원되어 두껍게 발린 물질명사 '행복'으로 바뀐 것 같다.

만원버스

집집마다 자가용 한 대씩은 가지고 있는 요즘도 출퇴근길 버스나 지하철은 여전히 붐빈다. 하지만 내가 학창 시절 등교할 때 타고 다녔던 만원버스는 요즘과는 비교도 안 될 정도로 강렬한 기억으로 남아 있다.

가끔 TV에서 흑백 영상으로 보여 주는 그 장면, 버스 차장이 승객

들을 마구 구겨 넣고 차 문에 대롱대롱 매달려 손으로_{혹은 동전 두 개를 포개서} 탁탁 두 번 치며 "오라이!"를 외치던 그 모습. 옛 추억은 다 아름답게 기억된다지만 지금도 그때를 떠올리면 전쟁 같은 그 치열함과 인간의 본성이 여실히 드러나는 그 순간은 내게 다시는 마주하고 싶지 않은 기억이다.

　버스 안은 발 하나를 떼면 다시 내려놓을 곳이 없을 만큼 이미 만원이었지만 그래도 버스를 타기라도 하면 그나마 다행이었다. 그래서 버스 안 누군가가 큰 소리로 이렇게 외치기도 했다.
　"기사 양반! 사람이 너무 많으니까 정류장에 서지 말고 그냥 갑시다!"
　요즘이야 무정차 통과가 법에 어긋나고 자칫 손님에게 고발당할 수도 있어서 그냥 지나친다는 건 불가능한 일이지만, 그때는 기사도 내심 원하고 있는데 손님도 원한다면 능히 그럴 수도 있을 때였다. 큰 소리로 무정차를 요구한 사람 역시 불과 한두 정류장 전까지만 해도 '만원버스라도 좋다, 어떻게 해서든 타기만 하자'라는 입장이었을 테지만, 사람 마음이 화장실 들어갈 때 다르고 나올 때 다르다는 말이 있듯이 상황에 따라 입장이 달라지는 것을 크게 비웃을 수는 없는 노릇이었다. 솔직히 나도 그 상황에서는 그 사람 말이 고맙기까지 했으니까.

　아무리 급한 일도 일단 내가 안전선 안으로 들어오면 상황은 정반대가 된다. 이전에 함께 안전선 밖에 있었던 사람들은 내 영역을 침범할 수도 있는 경쟁 상대가 되고 조금 전까지 부러움의 대상이었던 사람들은 동지로 바뀌는 것이다.

  이렇듯 같은 사람이 상황에 따라 다른 입장이 되는 경우는 우리 일상에서 비일비재하게 일어난다. 그래서 입장이 복잡하게 얽혀 있는 어려운 문제들에 대한 명쾌한 정답은 영원히 없을 수도 있겠다는 생각이 들곤 한다.

  하지만 확실한 것은 먼저 버스에 탑승한 쪽이 조금 더 너그러워야 한다는 것. 왜냐하면 대부분의 경우 선택의 권한은 주로 그들에게 있기 때문이다.

  우리는 만원버스에 올라탔을 때처럼 조금만 나아져도, 조금만 높아져도, 조금만 많아져도, 조금만 잘나가도 버스 오기만을 기다리고 있는 다음 정류장 사람들을 외면해 버리기 쉬운 심성을 조금씩은 지니고 있다. 성공하더라도 초심을 잃지 말자는 결심은 도덕 교과서에나 나오는, 실제의 삶과는 상관없는 말로 치부하며 애써 외면해 버리기 일쑤이기 때문이다.

  그리고 보니 그 옛날 내가 만원버스라도 탈 수 있었던 것은 무정차에 항의했던 몇몇 사람들이 있었기 때문은 아니었을까 하는 생각이 지금에서야 든다.

60_ "짜증 난다"는 말을 입에 달고 사는 이들에게

소소한 기쁨 찾기

◎ 봄인데도 불구하고 한여름의 무더위를 무색게 할 만큼 뜨거웠던 어느 날, 타야 할 버스를 코앞에서 놓치고 말았다. 배차 간격이 긴 버스라 땡볕에서 10분을 넘게 기다려야만 했다.

그런데 이게 웬일인가. 5분도 되지 않아 버스가 왔다. 그것도 텅 빈 채로. 게다가 여름도 아닌데 에어컨까지 틀어 준다.

앞차 놓친 것에 감사!

◎ 한참 동안 손빨래를 하고 욕실을 나왔는데 렌즈 한 쪽이 없다.

아까 빨래 도중에 눈을 심하게 비볐는데 그때 빠졌나?

그 작고 투명한 렌즈를 물 쫙쫙 끼얹은 욕실에서 어찌 찾는단 말인가! 그래도 짜증 내지 않고 한번 살펴보기로 했다. 그런데 문틈에

떨어져 있는 렌즈 발견!
 찾을 가능성은 제로라고 생각했는데 이럴 수도 있구나.
 당연히 눈에 붙어 있어야 할 것인데 잃어버렸다 찾으니 기쁨이 두 배다!

◎ 우울한 마음으로 길을 걷는데 돌담 사이를 비집고 피어난 예쁜 꽃이 눈에 띄었다. 마치 내게 힘내라고 위로해 주는 것 같아 사진 몇 장을 찍었다.
 조금 떨어진 초등학교 앞에서 판촉물을 나눠 주던 분이 내 모습을 보고 있었는지, 돌 틈 사이에 핀 꽃을 찍는 모습이 아름다워 보였다며 초등학생에게 나눠 주던 판촉물을 내게도 하나 준다. 영자 신문과 연필 한 자루가 들어 있다.
 내게는 요긴한 연필도 고맙지만, 뜨거운 오후에 간간이 나오는 초등학생 한 명이라도 더 만나려고 긴 시간 서있는 그분에게 내 모습이 힘이 된 듯싶어 마음이 훈훈해졌다.
 서로 위로가 되어 준 셈.

◎ 어린이날 선물용으로 티셔츠 몇 개를 사러 백화점에 갔다.

비교적 저렴한 가격에 괜찮은 물건을 사겠다고 넓은 매대에서 두 시간 가까이 고르다 보니 판단력이 거의 마비될 지경이었다.

드디어 마음에 드는 셔츠를 발견. 그런데 같은 셔츠에 가격표가 어느 것에는 만 오천 원, 어느 것에는 만 구천 원이 붙어 있다. 가만히 만 오천 원 붙어 있는 것을 집어 들었다.

사천 원은 두 시간 수고한 값으로.

◎ 요즘 아이들은 "짜증 난다"라는 말을 참 많이 사용한다.

물론 정식 표준어로 많이들 사용하는 말이긴 하지만 요즘 아이들은 습관적으로 마구 쓰는 것 같다. 10대의 밝고 풋풋한 얼굴에서 그런 말이 쉴 새 없이 나올 때면 그들이 30대가 되면 정말로 짜증스러운 얼굴이 되어 있지 않을까 걱정이 된다.

가끔 아이들이 이런 말을 사용하면 그 말은 독한 전염성이 있어서 남들에게 쉽게 짜증병을 전염시킨다고 말해 주곤 하지만 아마 대부분 '이상한 잔소리'로밖에 안 들리겠지?

요즈음 짜증병에 감염되지 않으려고 열심히 노력하니 소소한 기쁨이 많아진다. 아니, 보이지 않던 소소한 기쁨이 노력하니 보이는 것일 수도.

61_ 내가 모른다는 것을 인정하기 싫어하는 이들에게

솔직함이 주는
자유

여고 시절 수학 선생님에게 들은 이야기다.

어려운 수학 문제를 풀어 주면서 학생들의 반응을 오랫동안 관찰해 보니, 고개를 끄덕이며 이해하던 여학생들은 60점 맞을 줄 알았는데 40점 맞고, 무표정한 남학생들은 40점 맞을 줄 알았는데 60점을 맞더라는 것이었다.

몇십 년 전 대체로 여학생들이 남학생들보다 수학에 약하다는 일반적인 인식이 있을 때의 이야기니 지금은 결코 해당되지 않을 것이다. 하지만 달리 보면 요즘 말로 '리액션'을 여학생들이 많이 한다는 의미로도 볼 수 있다. 열심히 설명하시는 선생님에 대한 배려의 표현을 남학생에 비해 여학생이 더 많이 한다는 해석도 될 수 있을 것 같다.

　그런데 요즘 컴퓨터나 스마트폰 같은 첨단기기를 사용할 때면 몇십 년 전에 들었던 이 말이 생생하게 떠오르면서 뜨끔해지곤 한다.
　모르면 딸에게 물어보곤 하지만 금방 배우지도 못하고, 자꾸 모른다 하기가 부끄러워 아는 척하다가 돌아서 혼자 하려면 도저히 모르겠는 경우가 허다하다.
　하지만 정말 아쉽지 않으면 그냥 모르기로 작정하든지, 아니면 그냥 나 스스로는 알고 있다고 믿으며 지내기도 한다.

　어디 첨단기기 다룰 때만이겠는가.
　많은 부분에서 '내가 모른다는 것을 인정하기'보다는 '모르는 답답함을 그냥 유지하며 살겠다'는 모습도 있고, 더 나아가 남들에게는 알고 있는 것으로 비치길 바라는 솔직하지 않은 모습도 많다.

나도 다른 이들의 모습이 생생히 잘 보이는데 내 모습이라고 숨겨질 수 있을까?

마치 고개를 계속 끄덕이는 학생들을 바라보면서도 수학 선생님은 아직 학생들이 이해 못했음을 훤히 알고 있었던 것처럼 말이다.

여름이 되면 얇은 옷감으로 된 여름옷들이 감추고 싶은 몸매를 그대로 보여 주고 만다. 방법은 몸을 만들든지 그냥 자유함을 누리든지 둘 중 하나일 수밖에 없을 것이다.

병은 자랑하고 다니라는 말이 있다.

드러내는 것이 고치는 것의 시작이고, 솔직한 것이 자유함의 시작일 것이다.

요즘 학생들의 공부는 매우 어렵다던데 우리 때보다 많이 솔직하고 밝은 요즘 학생들의 반응은 어떨까 궁금해진다.

62_ 자신의 진정한 모습을 감출 수 있다고 믿는 이들에게

반칙

　미술 치료는 간단한 그림 그리기에서부터 시작한다.
　가까이에서 쉽게 접할 수 있는 집이나 나무, 사람 등을 그려 보게 함으로써 그 사람의 심리 상태를 알아보는 것이다. 그런데 그림 몇 장으로 그 사람을 단정하는 것은 위험한 일이기에 오랜 기간 여러 상황에 따른 관찰이 필요하다.
　또한 대부분의 사람은 남에게 숨기고 싶고, 자기 자신조차 인정하기 싫은 것들을 가지고 있는데, 이런 숨기고 싶은 것들조차도 그림을 열 장이고 스무 장이고 그리다 보면 결국 드러나기 마련이다. 그렇게 오랜 시간 동안 여러 그림을 통해서 일관되게 드러나는 표현이 바로 그 사람이라 할 수 있을 것이다.
　그래서 일반적으로 어떤 사람을 볼 때 그 사람이 꾸며 놓은 집, 즐겨 입는 옷, 선호하는 스카프나 넥타이 무늬 등으로 충분히 그 사람을 파악하기도 하고, 때로는 이런 것들이 그 사람이 하는 말보다 더 정확하게 그 사람을 나타내 주기도 한다.

    몇 년 전 큰 미술대전에서 계속해서 큰 상을 탔던 사람이 '사기'로 구속되는 일이 있었다. 돈을 주고 그림을 부탁했다는데 그 부탁한 사람이 한 사람이 아니었던 건지 화풍이 계속 바뀌어 심사위원들이 의심을 갖고 추적한 끝에 밝혀냈다고 한다.

    상이야 사기로 받을 수 있다 치더라도 그 자신도 분명 그림을 아예 모르는 사람은 아닐 텐데, 계속 화풍이 바뀌는 것을 남들이 그것도 전문가 심사위원들이 정말 알아채지 못할 것이라 생각했던 것일까?

    오랜 기간 자기 의지와 상관없이 다른 이에게 전달되는 모습, 그것이 바로 그 사람인 것을.

    우리는 우리의 발걸음에서, 오늘 입고 나간 옷에서, 밥을 먹으며 말했느냐 밥을 삼킨 후 말했느냐 하는 작은 행동까지 자신을 그대로 드러낸다는 것을 잘 알고 있으면서도, 자신의 입에서 나오는 말로만 혹은 결과로만 자신이 평가되리라고 착각하며 살고 있는지도 모른다. 눈에 잘 띄지 않는 곳에서 반칙 좀 했다 한들 결과가 좋으면 다

PART 4_
거꾸로 보면
보이는 세상

들 모르려니 생각하기도 한다.

하지만 '습관성 언행불일치言行不一致'나 '습관성 반칙'은 마치 미술 치료에서 오랜 기간 동안 여러 상황에서 일관되게 나타나는 그 사람의 그림 표현처럼 도저히 감춰질 수 있는 것이 아니다.

오히려 감추려 하면 할수록 더 센 '가짜'를 끌어올 수밖에 없는 것이기에, 마치 돈 주고 그림을 산 사기 화가처럼 부족한 그림 실력뿐 아니라 감추려 했던 거짓의 속성까지 결국 다 드러날 수밖에 없는 것이다.

감추는 것보다 있는 그대로 보여 주는 것이 더 쉬울 텐데 우리는 참으로 어려운 길을 가며 고달파 하고 있다.

63_ 자신의 약함을 감추려고만 하는 이들에게

'약함'이 바로 진정한 '강함'

동화 『강아지똥』으로 유명한 아동문학가 권정생 선생이 돌아가시고 난 뒤 동네 어르신들이 많이 놀랐다고 한다.

혼자 사는 외로운 노인으로 생각했는데 전국에서 수많은 조문객이 몰려와 눈물을 펑펑 쏟으며 우는 것에 놀랐고, 병으로 고생하며 하루하루 살아가는 불쌍한 노인인 줄 알았는데 연간 수천만 원 이상의 인세 수입이 있는 사람이란 것에 또 한번 놀랐고, 그렇게 모인 10억 원이 넘는 재산과 앞으로 생길 인세 수입 모두를 굶주린 북한 어린이들을 위해 써달라고 조목조목 유

언장에 밝혀 놓은 것에 크게 놀랐다는 것이다.

지독한 가난에 병까지 얻어 부모님께 도저히 그 이상의 고생을 시켜드릴 수 없어 차라리 죽기를 바라며 밤마다 교회당에서 기도하던 젊은 시절의 어둡고 긴 나날들……

하지만 사진으로 보는 그분의 말년의 얼굴은 참으로 맑고 깨끗해서 사진 속의 얼굴을 보는 것만으로도 내 속에 있는 욕심과 위선이 드러나는 듯 뜨끔거린다.

세상에 본이 될 만한 훌륭한 사람이 많고 세상을 변화시킨 위대한 사람도 많지만, 그 삶이 일관되지 못하거나 남이 볼 때와 안 볼 때의 행동이 달라 결국 속내를 들켜 무너지는 사람을 우리는 종종 보게 된다.

순수하고 정의롭게 시작해 명예가 생기고 돈이 생기고 권력까지 생기게 되어도 혹은 이런 것들의 유혹 앞에서 전혀 변함없이 초심대로 살 수 있는 사람은 우리가 이미 알고 있듯 흔치 않다.

또 문인이나 예술가의 경우 수많은 사람의 존경을 받게 되고 수입

이 늘어나도 자기를 지키며 처음처럼 맑고 순수하게 살면서, 아픈 사람들까지 공감할 수 있는 작품을 변함없이 만들어 내기란 쉽지 않다.

권정생 선생님처럼 눈에 보이는 것은 온통 '연약함'투성이라 해도 초지일관 선한 목적을 향한 일관된 삶을 살았다면 우리는 그에게서 '강함'을 배울 것이다.

또 눈에 보이는 모습은 강하고 높다 하더라도 그것으로 인해 처음 마음을 버렸다면 우리는 거기에서 '약함'을 볼 것이다.

그리고 아마도 이 '강함'은 내가 약하다는 것을 인정할 때 주어지는 것이고, 이 '약함'은 내가 강하다고 여길 때부터 시작될 것이리라.

그럼에도 우리는 강할 때는 물론이거니와 약할 때조차 자신의 '약함'을 받아들이기 힘들어한다. 자신의 '약함'을 알면서도 이를 감추려는 '가짜 강함'으로 인해 '진짜 강함'을 공급받을 기회를 놓치고 있는지도 모른다.

과학상상화

초등학교 때는 상상화를 많이 그린다.

특히 과학의 날이 있는 4월이면 반드시 과학상상화 한 장은 그려야 했다.

어린 시절, 우리가 그렸던 과학상상화의 주된 소재는 우주여행이나 로봇이 대부분이었다. 〈은하철도 999〉의 배경이 된 우주나 〈우주소년 아톰〉 같은 착한 로봇 말이다.

과학상상화 속 로봇은 엄마의 청소나 설거지를 돕기도 했고, 학교 숙제를 대신해 주기도 했다. 멋지고 대단한 발상은 아니었어도 참 솔직한 생각들이었다. 이제 이런 그림들은 거의 실현되었으니 건설적인 상상이라 할 수 있겠다. 이런 종류의 상상화들은 꽤 오랫동안 지속되었고, 굳어진 내 머리로는 더 이상의 아이디어가 나올 수 없을 것 같았다.

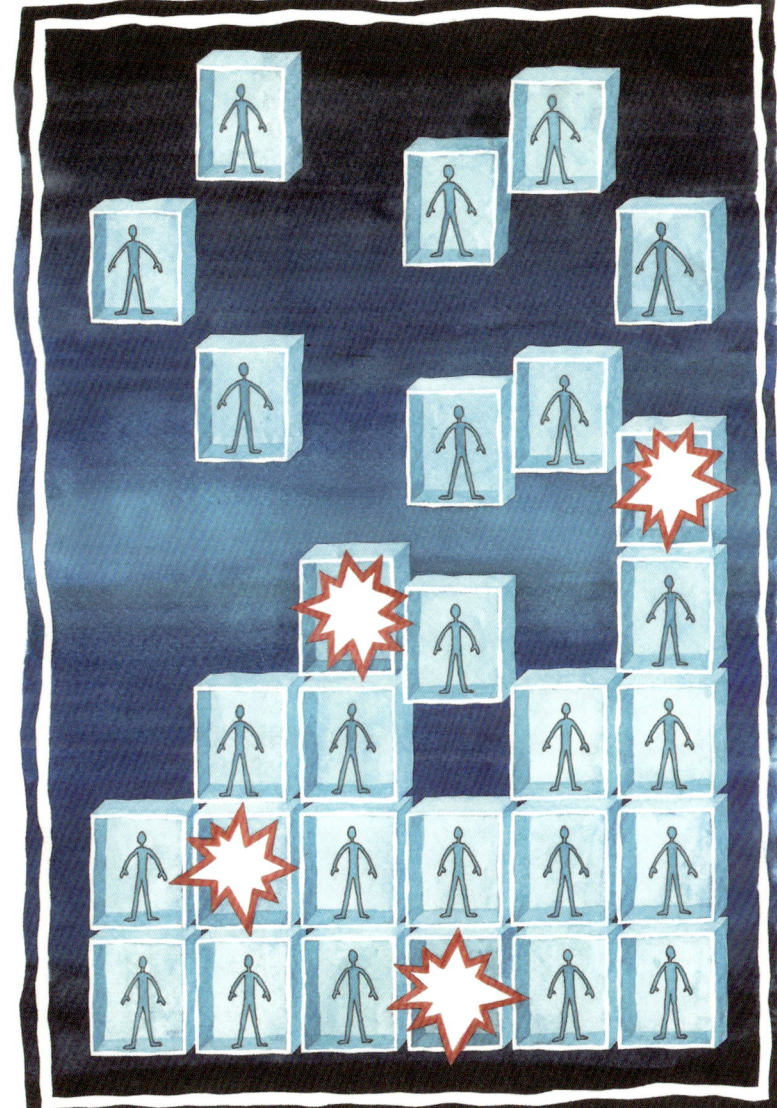

그런데 언제부터인가 아이들의 상상에서 유전자 조작이니 복제니 하는 아이디어가 많이 늘어났다. 유전자 조작을 통해 먹을거리가 풍부해져 식량난이 해결되었다는 등의 착한 상상도 있지만, 유전자 조작을 통한 인간의 복제나 공룡과 인간의 결합 등 이루어지지 않았으면 하는 상상도 아주 쉽게 해내고 또 표현하고 있다.

내 어린 시절에는 접해 보지 못했던 컴퓨터 게임 등의 영향도 있겠고, 어른들보다도 훨씬 능숙하게 정보를 접하다 보니 우리 세대를 뛰어넘는 상상력이 나오는 것은 당연하겠지만, 요즘 아이들의 상상은 가끔 섬뜩하기도 하다.

인간의 복제나 창조는 가능하고 쉬운 일이며 게다가 실패하면 버리면 그만이라는 말도 서슴지 않는다.

이럴 때면 차라리 과학이 덜 발달하고 생명에 관한 것이 영원히 신비에 싸여 있었으면 좋겠다는 마음이 든다.

아이들이 생명의 존엄성을 알기도 전에 벌써 너무 멀리 가버린 것만 같아서 한 사람의 존귀함을 어떻게 알려 주어야 할지 마음이 무거워진다.

65_ 기계만 믿고, 반려동물만 의지하려는 이들에게

귀
기울이기

가끔 찾아가는 곳이 있다.

서울 한복판 위치가 좋은 곳에 있지만, 산 가운데 형성된 동네라 운동 목적이 아닌 이상 반드시 마을버스나 자가용을 이용해야 한다.

하루는 마을버스를 타고 가는데, 이곳이 초행길인 듯한 아주머니가 '소나무집'이라는 정류장이 어디냐고 물었다. 동네를 잘 아는 한 분이 조금 더 가야 한다며 다 오면 알려 주겠다고 했다.

그런데 소나무집 정류장을 물어보았던 그 아주머니가 무얼 봤는지 별안간 "아닌데? 여기 같은데! 여기가 맞아!" 하며 우기기 시작했다. 그러자 친절하게 알려 주던 분이 조금 어이가 없다는 투로 "그러면 내리시든지요" 하니까 아주머니는 허겁지겁 내려 버렸다.

나는 이 광경을 지켜보면서 '저 아주머니 실수하셨네! 이 동네는 여기가 저기 같고, 저기가 여기 같아서 정류장 이름으로 찾아가야 하는데……' 하고 속으로 중얼거리며, 버스 밖에서 두리번거리는 아주머니의 모습을 차창으로 물끄러미 바라보았다. 사실 나도 그 아주머니처럼 한 번 보았던 풍경을 기억으로 짐작해 버스에서 내렸다가 거의 등산 수준의 길을 구두를 신고 올라야 했던 경험을 한 적이 있다.

어찌 보면 우리 삶의 모습도 이와 비슷할 듯싶다.
남에게 조언을 구한다고 하면서도 자기 이야기만 계속 한다든지, 상대방이 내 생각과 다른 길을 제시해 주면 그 방법은 이래저래서 안 된다며 시도할 생각조차 안 하는 경우가 많다.

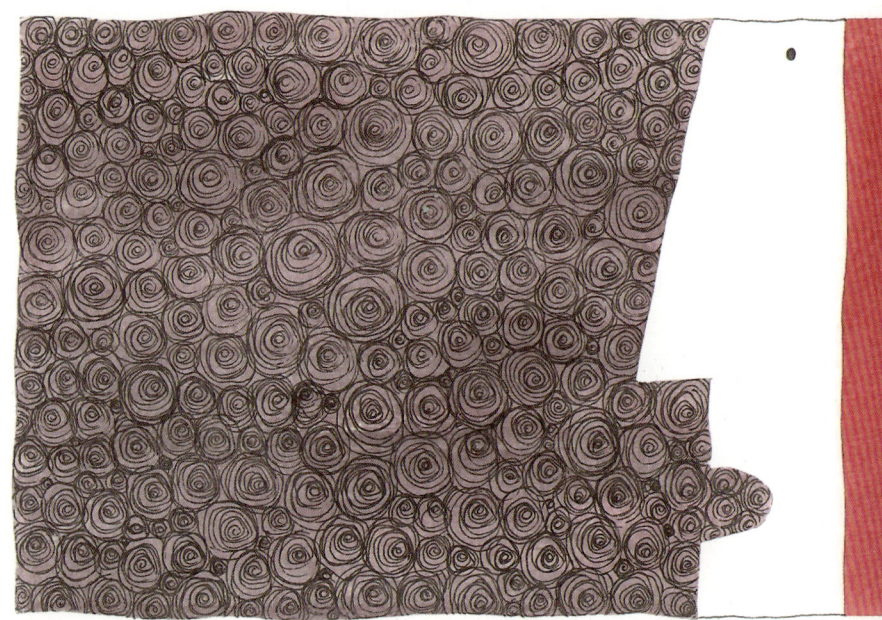

혹은 다 듣고 나서 "그래도 나는 내 식대로 살 거야" 하며 웬만해서는 자신이 해왔던 방법을 바꾸지 않거나 "나도 다 해봤다"며 조언자보다 더 풍부한 지식을 늘어놓기도 한다.

대부분 이런 경우는 자신이 남의 이야기에 귀 기울이고 있지 않다는 사실을 본인은 전혀 모르고 있을 때가 많다. 스마트한 기계가 제공해 주는 지식은 믿어도, 다른 사람의 말은 받아들이기 힘들어하는 요즘이기에.

그래서 점점 사람들은 이의를 제기하지 않는 기계와만 함께 하려 하고 반려동물하고만 놀고 싶어 하는 것 같다.

간절함

내가 대학 입시를 준비하던 시기에는 '체력장'이라는 체력 실기시험이 있었다. 운동신경이 없는 나로서는 참 버겁긴 했지만, 돌이켜 보면 체력장 덕에 고3 시절에도 운동장에서 열심히 운동할 수 있었던 것 같다.

하루는 체육 시간에 다른 반 학생들과 100미터 달리기 시합을 했다. 그것도 우리 반은 앞 번호부터, 상대 반은 뒤 번호부터였다. 당시는 키 순서대로 번호를 매겼으니 키가 제일 작은 학생과 제일 큰 학생이 겨루는 식이었다.

키도 작고 달리기도 엄청 못하는 나로서는 피하고 싶은 경주였지만, 이렇게 조건이 불리하다면 오히려 지더라도 전혀 부끄럽지 않을 거라는 생각이 들었다. 그런데 웬일인지 내 앞에서 뛴 앞 번호 친구들 모두가 상대 반의 뒤 번호 선수들을 줄줄이 이기는 것이 아닌가. 나 역시 실제로 기록을 잴 때보다 훨씬 더 간절히 혼신의 힘을 다해 뛰었고, 스타트가 빨랐다는 시비가 있긴 했지만 아무튼 나도 키 크

고 다리 긴 친구를 이기게 되었다. 그리고 그때의 기록은 내 평생 최고의 100미터 기록이 되었다.

우리는 살면서 정말 심각하고 버겁고 절실한 삶의 문제 앞에 종종 놓이곤 한다. 온 힘을 다해 끝까지 해보자는 마음도 있지만, 그냥 포기하거나 아예 피해 버리고 싶은 마음이 들 때도 있다. 아니, 솔직히 더 많다. 문제를 극복하려는 간절함보다는 그냥 포기하고 체념하는 편한 쪽으로 선택하고 싶은 마음이 더 큰 것이다.

다른 이들에게는 "온 힘을 다해!", "힘 내!"라고 쉽게 말하지만 사실 온 힘을 다한다는 것이 얼마나 힘든 것이며, 또 과연 어디까지가 '온 힘'을 다한다는 말인지 참 난해한 표현이 아닌가 싶다.

그래서 '이 정도면 온 힘을 다한 거야!' 하며 남에게는 보일 만큼만, 나에게 위안이 될 정도의 수고만 하고 만족해하기도 한다. 그리고 돌아서서는 학창 시절 100미터 달리기 시합 때만큼의 간절함도 없는 것 같아 씁쓸해지곤 한다.

나이 어린 선수들이 올림픽에 나가 불가능한 기록들을 내고 있는 것을 보면서 그들이 얼마나 치열하게 그 한계가 불분명한 '온 힘을 다한다'는 허상과 싸웠을지 생각해 보게 된다. 그리고 그 어린 나이에 간절함으로 '자신의 온 힘'을 이끌어 내는 것을 보며, 학창시절 나의 100미터 달리기 시합이 떠올라 부럽고 존경하는 마음으로 박수를 보낸다.

67_ 생각과 말과 행동이 일치하는 삶이 어렵다는 이들에게

사, 언, 행
일치

라디오에서 한 시인의 인터뷰를 들은 적이 있다.

푸근한 목소리와 진정성 있는 대화 내용을 들으며, 아마 저 시인의 삶 역시 자신의 시와 같을 것이라는 생각이 들었다. 그 시인은 오랫동안 일관되게 비슷한 시를 써왔고, 많은 사람이 그의 시를 사랑하기 때문이었다.

그런데 의외로 정작 그 시인의 바람은 자신의 뜻과 일치하는 삶을 살고 싶다는 것이었다. 그의 시가 세상 사람들에게 아무리 인정받아도, 자신의 실체가 시어詩語로 쏟아낸 것들과 똑같지 않음을 고민하고 있었다.

사실 바르고 선한 생각과 이와 일치하는 말, 그리고 이것이 그대로 이어지는 투명한 삶이 과연 우리 일상적인 삶에서 가능한지에 대해서는 대부분 고개를 저을 수도 있다. 다만 그렇게 살기 위해 노력하고 그런 용기를 보여 주는 사람에게 박수를 보내거나 존경을 표하면서 스스로를 위로하며 살고 있는지 모른다.

문제는 그렇게 살지 못하는 삶이 아니라, 어쩔 수 없다고 외면하거나 그런 것에 대한 의식 없이 마음속 생각과 외부로 드러나는 것의 간격에 대한 번뇌조차 없는 삶이거나, 더 나아가 스스로 별 부끄러움 없다고 확신하며 사는 경우일 것이다.

이솝 우화 중 사냥꾼에 쫓기는 여우 이야기가 있다.

사냥꾼에 쫓기던 여우는 나무꾼을 만나 숨겨 줄 것을 부탁한다. 여우를 숨겨 준 나무꾼은 뒤쫓아 온 사냥꾼에게 여우가 저쪽으로 달아났다고 거짓말을 하지만 그의 손가락은 여우가 숨은 곳을 가리키고 있었다. 나무꾼은 혹시 나중에라도 사냥꾼에게 들을지도 모를 원망도 피하고, 혹시 있을 여우의 복수도 피해야겠다는 생각이었을 것이다.

하지만 이렇게 말과 손이 다른 나무꾼의 행동에서는 상황을 잘 대처하는 지혜가 아닌 연약함이 느껴진다. 생각과 말과 행동의 불일치는 대범함이나 무모함보다는 연약함이 이유이기 때문이다. 그 연약함은 어쩌면 이 상황, 저 상황에서도 다 용서되는 면책권이 될 수도 있고, 잘만 하면 모든 비난을 피해 가며 오랫동안 편하게 지낼 수 있는 방법이 될지도 모른다.

그러나 힘들고 아프더라도 번뇌하며 바른 삶을 살고자 애쓰고, 이를 실천하는 이들로 인해 세상은 보다 나은 방향으로 진행되고 있는 것이 아닐까?

거친 말을 일상적으로 사용하는 이들에게

거친 말,
좋은 글

 길을 걷다가 맞은편에서 걸어오는 두 소녀를 보게 되었다.
 중학생쯤 되어 보이는데 새 학기라 그런지 교복 입은 모습이 더욱 산뜻해 보였다. 그중 한 학생이 길가에 돌출된 계단에 부딪쳐 순간적으로 넘어질 뻔하면서 반사적으로 옆에 있는 친구를 세게 치며 붙잡게 되었다. 그런데 옆에 있는 학생의 입에서 나온 말이 지나가는 나를 너무도 놀라게 했다.
 갑자기 한 대 맞은 아이가 "XX 왜 때려?" 하고 시비조로 따지더니, 넘어질 뻔한 아이도 "XX 미안해" 하면서 듣기 민망할 정도로 거칠게 말하는 것이 아닌가? 그렇다고 그들이 싸우는 것은 아니었다. 둘 다 환하게 웃는 얼굴로 이런 대화를 나누고 있었다.
 넘어질 뻔한 친구에게 '괜찮아?' 하고 물어보고, 그러면 그 친구가 '네가 옆에 있어서 넘어지지 않았어' 하며 고마워하는 훈훈한 분위기를 예상한 올드한 나로서는 너무나 놀랄 수밖에. 하지만 그들의

　모습은 부러울 정도로 정말 순수한 소녀들의 모습 그대로였다는 게 더욱 놀랄 일이었지만.
　거친 표현을 그저 일상의 말로 사용하고 있는 그 학생들을 보면서, 아직도 스마트폰이나 컴퓨터의 다양한 기능에 놀라 감탄하는 내 모습과 세상에 태어나면서부터 이런 기능은 당연히 있었던 것으로 받아들이는 요즘 학생들과의 차이만큼이나 먼 거리가 느껴졌다.
　그러니 그런 말을 일상에서 쓰고 있는 그들을 탓할 것이 아니라 그저 세상이 많이 변했으므로 받아들일 수밖에 없는 것이 아닌가 하는 생각도 해본다.

　요즘은 SNS 세상이라서 굳이 찾지 않아도 하루에 몇 번씩 좋은 글, 재미있는 글들을 받아 볼 수 있다.
　하지만 이 좋은 글들조차 너무 흔해져서 별 감동이 없다.

말도 글도 웬만해서는 재미도, 관심도, 감동도 없다 보니 거칠어지고, 세지고, 나아가 상식적이지 못한 궤변까지 횡행하는 세상이 된 건 아닌지.

좋은 글을 대하고도 감동이 없는 모습이나, 거친 말을 그저 일상적 언어로 대하는 모습들 모두 요즘 사람들의 채워지지 않는 허기진 마음이 그 이유인 듯하다.

조지 오웰의 소설 『1984년』을 보면 미래 사회의 '빅 브라더'는 언어마저도 단순화시키고 있다. '멋진', '훌륭한', '아름다운' 등 비슷하면서도 그 의미가 조금씩 다른 형용사를 '좋은'이라는 하나의 형용사로 대치하며 다만 그 등급을 조금 나눌 뿐이다. 섬세하고 다양한 표현의 단어가 사라지면서 사람들의 미묘한 감정들도 사라지고, 그로 인해 생각이 단순화되고 획일화되는 것을 그리는 듯하여 그 상상에 소름 끼친다.

말도 마음도 부드러운 것보다는 더 거친 것, 일반적인 것보다는 자극적인 것에 반응하며 웬만큼 좋은 글에는 전혀 감동이 없는 요즘의 경향을 보며, 조지 오웰이 그린 미래 사회처럼 우리 감정도 획일화되고 극한 감정으로 쏠리면서 보편적이고 미묘하며 다양한 감정들은 사그라지는 것은 아닐까 하는 아찔한 상상을 해보았다.

자연스러움

 영국의 전설적인 그룹 '비틀스'를 알게 된 것은 〈Let it be〉란 곡을 통해서였다.
 어린 시절, 흑백 TV로 수많은 젊은이가 열광하는 생소한 모습을 보며, 무슨 뜻인지도 모르면서 후렴구 "Let it be~"만 열심히 따라 불렀던 기억이 있다.
 영어를 배운 후 그 문장의 뜻을 알고 '참 이상한 노래가사도 있구나' 생각했었다. 직역하면 '그대로 놔둬라' 정도의 의미가 되니까.
 당시 우리는 낡고 지저분하고 불편한 것을 반듯하고 깨끗하고 편리한 새것으로 열심히 바꾸고 있던 시대였으므로.

 언제부터인가는 이전에 들어 보지도 못했던 단어인 '빈티지'라는 말이 많이 사용된다. 번쩍거리는 새것보다 낡은 느낌이 드는 오래된 물건에 더 가치를 주는 시대가 된 것이다.
 때론 새것도 일부러 상처를 내어 낡은 느낌이 나도록 만들기도 한

다고 하니, 일반적인 상식에 혼란이 올 정도이다.

 예전에는 낡은 것을 번쩍거리는 새것으로 교체하는 것이 자랑이었는데, 이제는 낡고 오래된 것을 가지고 있는 것이 자랑스러운 분위기다.

 예쁜 연예인의 오래전 사진을 보면 지금과 매우 다른 화장에 웃음이 나곤 한다. 당시의 화장은 지금보다 훨씬 진하고 강해서 오히려 자연스럽고 청순한 얼굴을 망가뜨리는 경우도 있기 때문이다.

 그래서 요즘 화장은 한 듯 안 한 듯 그대로의 모습을 잘 살려 주는 게 좋고 '생얼'이라는 새로운 말도 일상의 단어가 되어 버렸다.

 요즘은 성형도 많이 하는 추세이지만, 성형이나 화장이나 가장 중요한 주문은 역시 '자연스럽게'일 것이다.

 '더욱 자연스럽게'를 위해서라면 '좀 더 많은 인공'이 들어가는 것도 아끼지 않는다. 그만큼 '자연스러움'은 어떻게 해서라도 갖고 싶은 최고의 가치가 되었다.

  요즘 '내추럴natural'이란 단어가 여기저기 많이 붙어 사용되는 현상을 보면서 이 역시 지금 시대의 일시적 트렌드일 뿐이며 또 새로운 바람이 다시 불 수 있다는 생각은 든다.
  하지만 한편으로는 인공적인 것에 지치고 위선적인 모습에 심한 염증을 느낀 우리의 마음이 자연스럽게 꾸미지 않은 것에 끌리고, 그것을 통해 위로받고 싶은 것은 아닌지 다시 한 번 생각해 보게 된다.
  크고 화려하고 웅장하며 번쩍번쩍한 새것들이 만족을 줄 줄 알고 달려왔는데, 오히려 '그대로 놔두었던 것'이 그리워지는 것이다.
  인공 감미료 없는 음식 맛을 수고스럽게 찾아가고, 세련되지 않은 투박한 물건들이 더 따뜻하게 느껴진다. 사람 역시 허물이 있어도 그대로 보여 주며, 자신의 부족함을 인정하는 계산할 줄 모르는 이에게 더 끌린다.
  다만, 이런 여러 현상이 '내추럴'이라는 이름으로 내추럴하지 않은 것을 감추어 주는 일이 아니기를.

70_ 매력적인 사람이 되고 싶어 하는 이들에게

매력

컴퓨터가 전혀 보편화되지 않았던 오래전 나의 학창 시절, 세기적 미녀들 중 누구의 눈, 누구의 코, 누구의 입 등 최고의 이목구비를 모아 조합하면 가장 완벽하게 아름다운 얼굴이 될 것이라고 친구들과 수다를 떨면서 그 모습을 즐겁게 상상해 보곤 했다.

컴퓨터 기술이 발달한 요즘, 그런 상상쯤은 쉽게 화면에서 만들어 내곤 하는데 그 조합이 의외로 그리 아름답거나 호감 가는 얼굴이 아니어서 실망한 적이 많다.

하나하나는 예쁜데 조화가 안 되는 듯하고, 원래 그 사람이 지니고 있었던 매력은 사라지고 만화 속 공주 같은 비현실적 모습에 낯설기만 해서 차라리 처음 모습이 훨씬 보기 좋다.

우리가 여행을 가고 싶어 하는 곳들을 보면, 그 나라나 지역의 특색을 잘 보존하고 그곳이 아니면 볼 수 없는 풍경을 지니고 있는 곳

이 많다.

 그런 곳에 시간과 돈을 지불하는 것은 결코 아깝지 않을 것이며 그것이 바로 관광지로서의 가치를 결정하는 것이리라.

 편하고 쾌적하고 깨끗하지 않을 수는 있어도, 그런 것조차 여행의 매력이라 여기며 기꺼이 어느 정도의 불편은 감수할 것이다. 다른 곳에서는 결코 맛볼 수 없는 '다름'에 우리는 자연스럽게 끌리기 마련이기에.

 이렇듯 우리는 다름에 끌리면서도, 우리 삶은 다름이 아닌 비슷한 것으로 최고를 닮아 가려는 형태를 취한다.

 최고로 아름다운 얼굴로 바꾸고 싶어 하고, 최고로 큰 것, 최고로 높은 것, 최대로 많은 것을 지향하며 산다. 수평적 차이인 '다름'을 수직적 차이인 '다름'으로 전환해 버리고 있는 느낌이다.

 그래서 매우 다른 모양, 매우 다른 색은 서로 비슷비슷하게 희석시키고, 다만 그 양과 크기를 많이 취하기 위해 초조해한다.

간혹 보통 사람들과 다르게 튀는 사람, 유난히 별난 개성이 있는 삶도 종종 볼 수 있지만 원래 그런 모습이었는지 아니면 개성이라는 또 다른 유행을 좇아 흉내를 내는 건지는 확실치 않다.

튀는 것도, 별난 것도, 무색무취의 삶마저도 다 원래 자신의 모습이라면 어색하지도 않고 보기 좋을 것이다.

하지만 최고의 조합으로도 오히려 처음보다 매력을 잃은 미녀 얼굴처럼 아무리 아름다운 것이 있어도 그것이 내 것이 아니라면 소용이 없다.

그곳의 특색을 가장 잘 보존하고 있는 곳이 가장 가고 싶은 매력적인 여행지인 것처럼 가장 '나다운 것'이 가장 큰 매력이고 가장 큰 아름다움일 것이다.

다른 사람의 매력을 좇지 않을 때 가장 매력이 있다.

때로는 많이 부끄럽고 자신 없고 초라한 모습 같아서 숨고 싶을 때도 있는 우리지만, 우리 각자는 서로 다르기에 매력적인 사람이다.

초판 1쇄 발행 | 2014년 12월 8일

지은이 | 이영훈
발행처 | 마음지기
발행인 | 노인영
편 집 | 이상희 · 이초롱
디자인 | 정선주
손글씨 | 유혜은
제 작 | 오윤제

등록번호 | 제2012-00083
주 소 | 서울시 구로구 공원로 3, 208호
전 화 | 02-6341-5112~3 FAX | 02-6341-5115
이메일 | maum_jg@naver.com

※ 책 값은 뒤표지에 있습니다.
※ 잘못 만들어진 책은 바꿔 드립니다.
※ 이 책은 저작권법에 따라 보호를 받는 저작물이므로 무단전재 및 복제를 금지합니다.

ISBN 979-11-952555-5-9 03810

이 도서의 국립중앙도서관 출판예정도서목록CIP은 서지정보유통지원시스템 홈페이지http://seoji.nl.go.kr와
국가자료공동목록시스템http://www.nl.go.kr/kolisnet에서 이용하실 수 있습니다. (CIP제어번호: CIP2014033991)

마음지기는……

성공은 사람을 넓게 만듭니다. 그러나 실패는 사람을 깊게 만듭니다. 마음지기는 성공을 통해 그 지경을 넓혀가고,
때때로 찾아오는 어려움을 통해서 영의 깊이를 더해 갈 것입니다. 무슨 일에든지 먼저 마음을 지킬 것입니다.
높은 산꼭대기에 있는 나무의 뿌리가 산 아래 있는 나무의 뿌리보다 깊습니다. 뿌리가 깊기에 견고히 설 수 있습니다.
마음지기는 주님께 깊이 뿌리내리고 그 어떤 상황에서도 주님을 찬양할 것입니다.
"하나님과 가까이 교제하고 교감하는 사람은 그렇지 못한 사람보다 더 행복하다"라고 마시 시머프는 말했습니다.
마음지기는 하나님과 교감하고 교제하기 위해서 하루 24시간을 주님과 동행할 것입니다.

"모든 지킬 만한 것 중에 더욱 네 마음을 지키라 생명의 근원이 이에서 남이니라" 잠언 4:23